どこから来たのか
どこへ行くのか
ゴロウは？

聞き手

上野千鶴子

写真と言葉

Kanyada

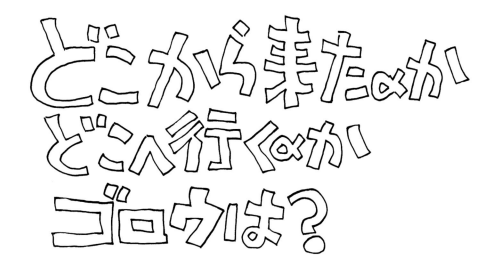

目次

第一部　吾朗へ　写真と言葉・Kanyada　5ページ

第二部　「吾朗さんは、伸びしろがまだまだある。」
上野千鶴子が聞く、宮崎吾朗のこれまでとこれから　98ページ

解説　この「本」は、こうして生まれた。　鈴木敏夫　124ページ

第一部

吾朗へ

写真と言葉

Kanyada

言葉の翻案

鈴木敏夫

こころを
空っぽにして下さい。
新しいものを
受け入れるために。

#こころ

ปล่อยวาง ให้ว่างเปล่า...

เพื่อเตรียมรับสิ่งใหม่ๆ

ฝนหากตกลงพื้นแล้ว...
ไม่มีวันที่จะย้อนกลับไปได้เช่นไร
ความเชื่อใจที่ถูกทำลาย
ก็จะไม่มีวันย้อนกลับไป...ได้เช่นนั้น

地面に落ちた雨が
跡形も無く消えてしまうように、
壊れた信頼は、
取り返しがつかない。
♯雨

成功を
夢見るな！
夢見る人は
成功しない。

#成功

คุณจะไม่มีวันพบกับความ“สำเร็จ”
หากแค่ฝัน...แต่ไม่ลงมือทำ!

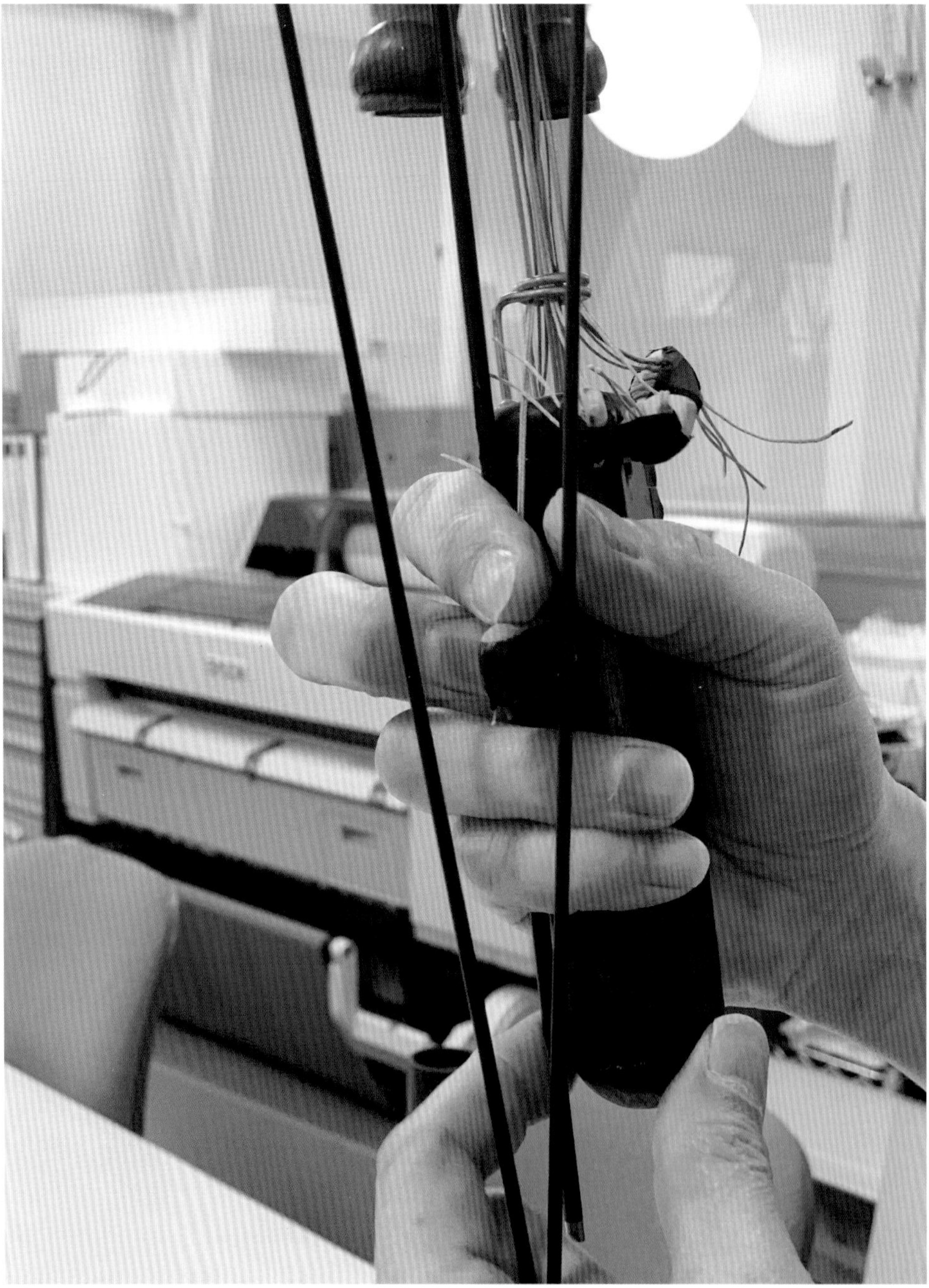

Lime Avenue
2016.11.25

บางอย่างจะสวยงามและถูกต้อง
หากมีระยะห่างที่เหมาะสม

あらゆるものは美しい。
それを見るのに相応しい距離さえあれば。

♯美

全てを一度に運ぶのは
やめなさい。
ひとつずつ
ゆっくりと丁寧に。

＃急がば回れ

เป็นเรื่องยากที่เราจะแบกทุกอย่างไปให้หมดภายในครั้งเดียว
เพื่อให้ถึงจุดหมายในเวลาอันรวดเร็ว...

美しい山を見たいなら、
少し距離を置いて、
遠くから見るべきです。
山の近くにいたら、
森しか見えない。

＃森だらけ

ถ้าต้องการเห็นภูเขาสวย
ต้องยืนมองห่างๆ ถึงจะได้เห็นภูเขาที่สวย
หากเข้าไปยืนใกล้...ก็จะได้เห็นแค่ป่า
ที่เต็มไปด้วยต้นไม้

มองนอกกรอบบ้าง
เผื่อจะได้เห็นอะไรที่กว้างขึ้น

箱の外を
見て下さい。
世界は限りなく
広い。

＃箱

ทุกความผิดพลาดในชีวิตไม่ใช่เพราะ
“ถูกคำสาป” หากแต่ “ถูกทดสอบ”
ด้วยบทเรียนของชีวิต
#อดทน

人生の過ちに原因など無い。
それを人生の教訓にするのは、私たちだ。
＃忍耐強く

近くに立っていると、
それはただの鬱蒼とした
怖い森です。
一歩下がれば、
それは最も美しい山かも
しれません。

＃距離を保つ

ยืนใกล้ๆมันอาจจะเป็นแค่ป่าที่รกทึบดูน่ากลัว
หากลองถอยออกมาอาจจะเป็นภูเขาที่สวยงามที่สุดก็ได้
#รักษาระยะห่าง

どんどこ森エリア
149.9
140.2
134.5
140

経験だけが
自分というものを
作ってくれる。

＃経験

สิ่งที่สอนเราได้ดีที่สุดคือ...ประสบการณ์

#เรียนรู้จากประสบการณ์

信頼に足る人の言葉でも、
その約束を信じ切ってはいけない。
残念なことに、
言葉は永遠では無い。
#自立

อย่าเชื่อคำมั่นสัญญาจากปากของใคร
เพราะคำว่าตลอดไป... ไม่มีจริง
#จงอยู่ให้ได้ด้วยตัวเอง

หากต้องแก่งแย่งชิงดี
หากต้องระแวงคนแท้งข้างหลังตลอดเวลา
ก็จะไม่มีวันพบกับชัยชนะและความสงบสุขอย่างแท้จริง
#แย่งชิง

必要だと思ったことは
やらなければいけない。
ダメだと決めて何もやらなければ、
あなたに勝利と平和の日は
永遠に訪れない。

♯スクランブル

ยื่นใกล้ๆอาจจะมองไม่เห็น
ลองถอยออกมาสักนิด...
เพื่อจะเห็นอะไรได้ชัดขึ้น

これは何だろうと思ったら、少し後ろに下がりましょう。
はっきりと見える場所まで。

#モノを見る

世界の全てを
分かったつもりにならないで。
みんな、
ひとりぼっちなのだから。
#世界

อย่าตัดสินคนทั้งโลก
เพียงเพราะ... คน คนเดียว

パーク 吾朗さん 原版①

YB

考えているときは、
ろくな事が
起きない。

＃教訓

เมื่อคิดชิงดี จะไม่มีวันได้ดี

ความทุกข์จะไม่อยู่กับเรานาน
ถ้าเรา...ไม่คิดซ้ำไปซ้ำมา
หากคิดว่าทุกข์ จะไม่มีวันสุข
#แค่คิด

苦しみはいつか終わる。
繰り返し、繰り返し考えさえし無ければ。

＃考えてみたまえ

พายุแม้หนักแค่ไหนก็มีวันหยุด
หลังจากพายุนี้หายไป...
จงรอเพื่อพบกับท้องฟ้าที่สดใสอีกครั้ง
嵐のあとには、
必ず、空が明るくなる。
♯ 嵐

“ก้อนหิน”ไม่ว่าจะใหญ่แค่ไหน
แต่ถ้าเราไม่ถือ...มันก็ไม่หนัก

どんなに大きな石も
持ち上げようとしなければ
重くない。

＃石

หากมีเศษแก้วในมือ...
ปล่อยก็“จบ...”
กำก็“เจ็บ”

ガラスの破片が手に刺さったら、
それはやめろというサイン。
グリップも痛くなっているはずだ。

＃忠告

เปรียบขวานคือ“ความรู้”
เปรียบฟืนคือ“ผลงาน”
ดังนั้นถ้าเรายิ่งหมั่นเติมความรู้ให้ตัวเอง ก็เหมือนการลับขวานให้คมอยู่เสมอ
ซึ่งจะช่วยให้เราได้ผลงานที่ดีขึ้นเยอะขึ้น และมีประสิทธิภาพมากขึ้นนั่นเอง
#คนตัดฟืน

斧は「知識」、
薪は、その「成果」。
知識を得れば得るほど
斧の刃が、
研ぎ澄まれ、強くなる。

＃薪を割る人

気分が
すぐれない日もある。
しかし、それが
全てでは無い。
#日々

บางวันเราอาจจะรู้สึกแย่
แต่มันก็ไม่ได้หมายความว่า...
เราจะแพ้ในทุกๆวัน

手洗い
Washing Hands
うがい
Gargling Throat

どんどこ森エリア
500m

パーク構想　全体計画平面図
N
S=1:2500
300
200
100

“อย่าถามหาเวลา หากไม่มีความตั้งใจ”
#ตั้งใจ

無駄なモノを見続けてはいけない

＃焦点

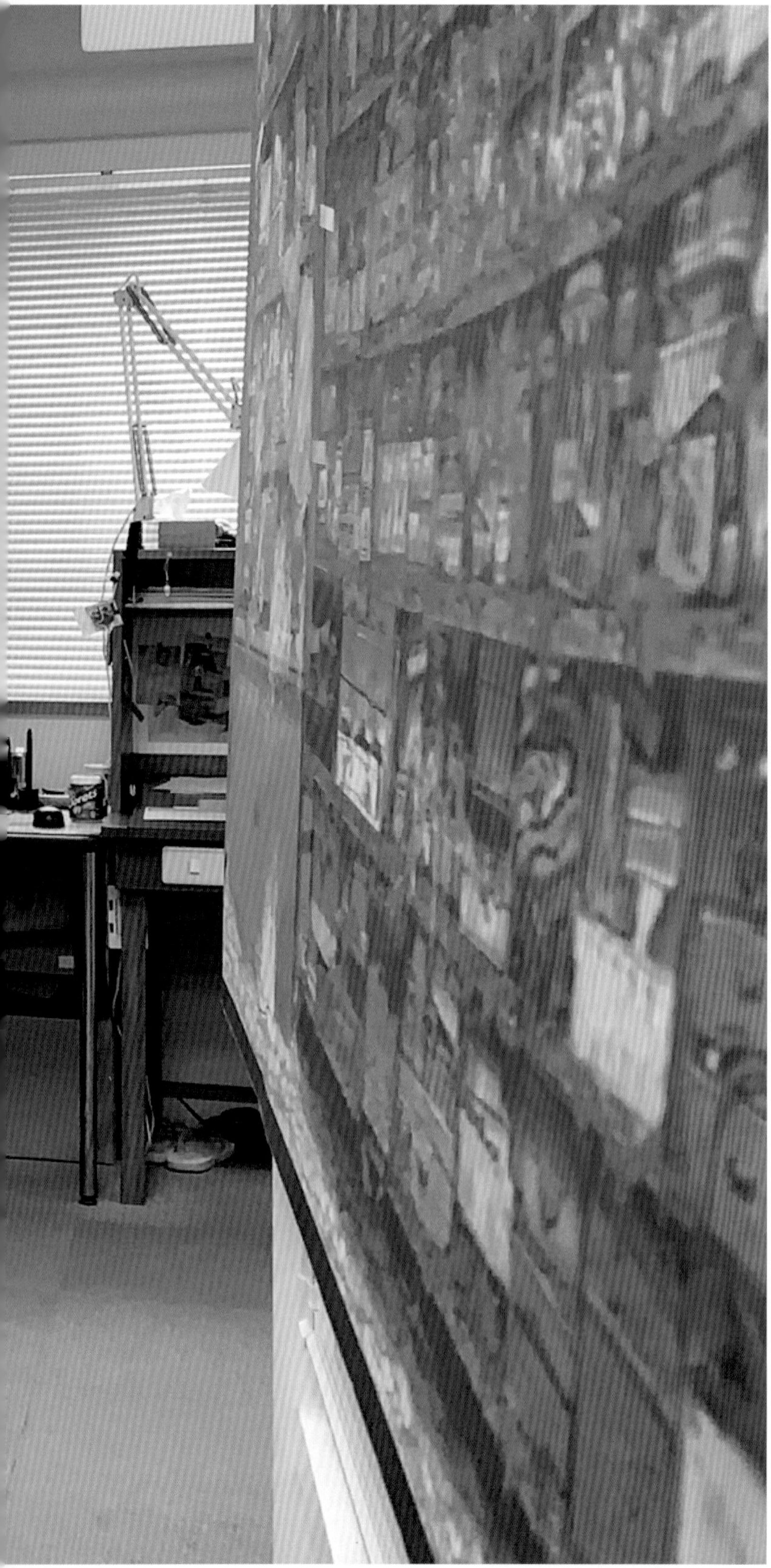

455
2900
1800

หัวใจเรามีสิทธิ์เลือก
ในทุกสิ่งที่จะทำให้เรามีความสุข
#หัวใจไม่ด้อยค่า

幸せになるためには、
自分の考えや思いを
はっきりとさせること。
決意と決断が必要です。
＃選択

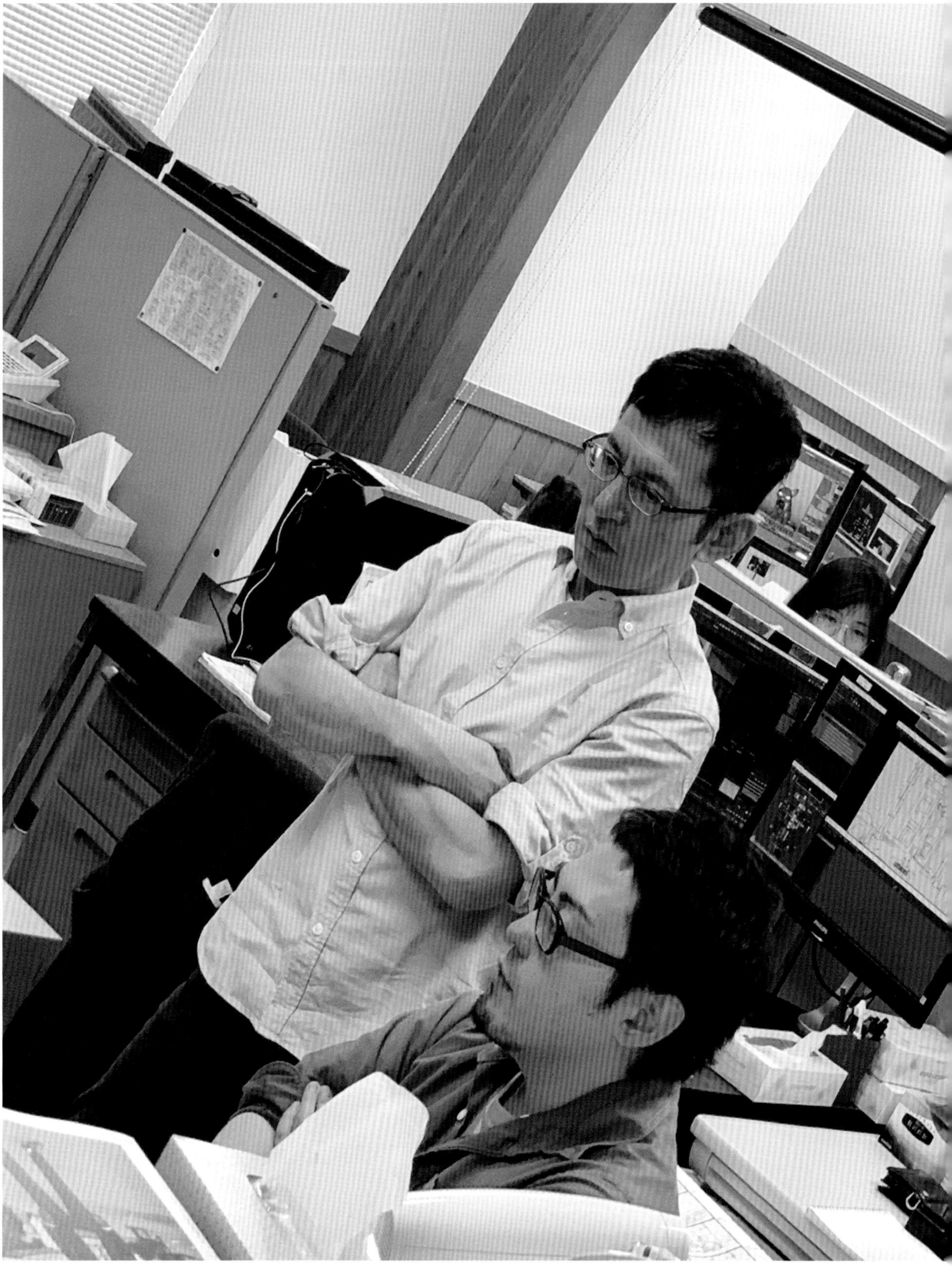

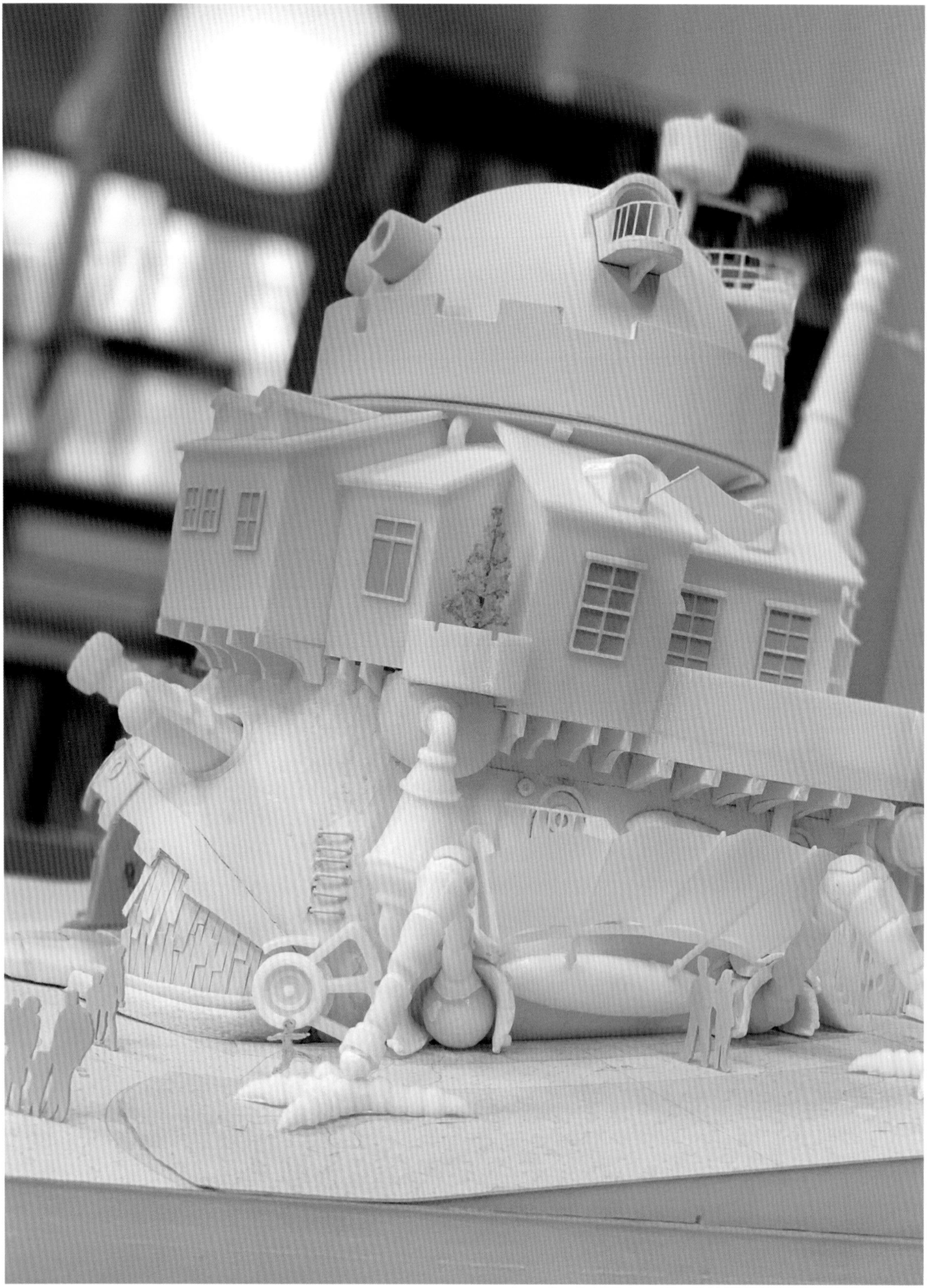

Lilla fälthandboken Trädgårdens djurliv
Lilla fälthandboken Insekter
高井英幸
映画館へは、麻布十番から都電に乗って。
中世ヨーロッパの服装
零式戦闘機
吉村 昭
中世を旅する人びと
阿部謹也
イザイホウ

日々の暮らしの中で、
いい話は贈り物、
悪い話は教訓です。

#贈り物

ในชีวิตของคนเรา...
เรื่องดี...คือของขวัญ
เรื่องไม่ดี...คือบทเรียน

+3500
出口専用
テラス
DN
DN
ホワイエ
+3500
EV
風除室

あらゆる
辛い体験は、
私たちを常に、
強くする。

＃戦い、戦い、戦い

ทุกบทเรียนที่โหดร้าย มักทำให้เราเข้มแข็งขึ้นเสมอ
#สู้

จงเลือกมอง...แค่ที่สิ่งอยากมอง

เพราะบางสิ่งก็สุขใจ...แค่ได้มอง

#สุขเล็กๆ

必要なものだけを
見るように。
そうすれば、
幸せの発見がある。

＃幸福

บ้าน...
ไม่ว่าจะไปไกลแค่ไหน อยู่ที่ใด
สุดท้ายแล้ว... เราก็จะกลับบ้าน
#เพราะคุณคือ“บ้าน”

故郷……
どんなに遠くにいようとも、
私たちは、最後は故郷に帰るものだ。
＃故郷

*宮崎駿と幼少期の吾朗の家族写真（宮崎家所蔵）

第二部

「吾朗さんは、伸びしろがまだまだある。」

上野千鶴子が聞く、宮崎吾朗のこれまでとこれから

"どういうつもり"でアニメーション監督に？

上野千鶴子（以下、上野） 新作「アーヤと魔女」の完成おめでとうございます。四作目にして、いよいよ親世代を振り切って第一歩を踏み出されたという感じでしょうか（笑）。

宮崎吾朗（以下、吾朗） いや、どうなんでしょうか（笑）。

上野 「アーヤと魔女」の話に行く前に、まず監督になられた経緯から順を追って話を聞かせてください。二〇〇六年に「ゲド戦記」の監督としてデビューされたとき、周囲からは、宮崎駿の後継者が現れたという眼で見られましたよね。

吾朗 僕はそういうつもりはないですけど。

上野 うん、そこをぜひ聞かせてほしいんです。そういうつもりではないとしたら、吾朗さんにとってアニメーション監督をされるというのは"どういうつもり"なのかしら。

吾朗 どういうつもりなんですかね。仕事なのでやっているという感覚は強いですけど。

上野 仕事なのでとおっしゃるけど、避けることもできたと思いますが。先方からのご指名と自分で手を挙げるという選択の両方が一致した結果ですよね。

吾朗 そうですね。「ゲド戦記」の企画が起ちあがったとき、僕はまだジブリ美術館の館長をやっていて、開館して二年ぐらいが経っていました。それまで三年かけて建物をつくり、いろいろなものを準備して、やっとオープンして一息つくと何か物足りない気分になってきて。ここまで来たなら、そろそろ辞めてもいいかなと思い始めたとき、鈴木（敏夫）さんに「若い監督で『ゲド戦記』をつくりたいので、吾朗君、暇なんだったらオブザーバーで入ったらどう？」と言われたんですよ。

上野 最初は吾朗さんが監督をやる予定ではなかったと？

吾朗 はい。それで、監督候補といわれた人と僕と若い制作の男の子の三人でいろいろ

●三鷹の森ジブリ美術館設立当時の吾朗。父・宮崎駿の構想を元に、設計を担当する関係者らを取りまとめ、3年かけて完成にこぎつけた。

世相つき ジブリ&吾朗史

※ジ＝ジブリ　吾＝吾朗　世＝世相

一九六七年

吾 宮崎家の長男として生まれる（一月）

≈

一九八四年

ジ 劇場版「風の谷のナウシカ」公開（三月）

吾 吾朗（高二）、劇場版「ナウシカ」の制作状況を心配し、学業に支障をきたす

世 ロス疑惑（一月）

一九八五年

ジ 株式会社スタジオジブリ、活動開始（六月）

吾 信州大学農学部森林工学科入学（四月）

世 男女雇用機会均等法成立（五月）
日航機墜落事故（八月）

●「ナウシカ」制作現場の宮崎駿と、プロデューサーを務めた高畑勲。

●設立当時のスタジオジブリには社屋がなく、吉祥寺のビルを間借りしていた。

検討を始めたんです。ところが、監督候補の人が、「僕はやらない」と言ったり「僕が思うように全部やらせてくれないとやらない」と言ったりで、その繰り返しを一年ぐらいしていたのかな。一方で当時の僕は愛知万博で「サツキとメイの家」を建てるという建設の仕事を同時にやっていたんです。

上野　ジブリ美術館の館長を辞めてもいいと思ったそうですが、辞めた後はどうしようと思っていらしたんですか。公園設計の仕事に戻るとか？

吾朗　そもそも造園の仕事を一〇年ぐらいやった挙げ句、鈴木さんに「ジブリ美術館やるから来ない？」と言われて転職したんです。僕が社会人になったのは一九八九年ですから、ちょうどバブルの真っ盛りというんですかね。公共投資もいっぱいあって、建設の仕事が山のようにあった時期だったんです。

上野　バブル時代の公共投資がピークだった頃ですね。

吾朗　ええ、ですから入社時期がピークで、在籍している間にどんどん景気が悪くなっていく。発注量は激減して、会社の中もギスギスしてくるわけです。このまま続けても先がないという感じがあって、そのときにちょうどいいタイミングで声をかけられたので、これ幸いと。

上野　建築にたずさわってきた吾朗さんが、ジブリ美術館を自分の思うようにつくれたら楽しいだろうなと思うのはよくわかるし、

●森緑地設計事務所在籍時の一九九五年には、ジブリ第1スタジオにある屋上庭園の設計も行った。写真は現場で作業を行う吾朗と、その様子を覗きにきた父・駿。

●「ゲド戦記」の企画検討と並行して、吾朗は「サツキとメイの家」の制作を監督していた。写真は調度品を選ぶ吾朗。

一九八六年
ジ「天空の城ラピュタ」公開（八月）
世 チェルノブイリ原発事故発生（四月）
「ドラゴンクエスト」発売（五月）

一九八七年
世 NTT株上場、財テクブーム（二月）
国鉄分割民営化（四月）

一九八八年
ジ「となりのトトロ」「火垂るの墓」公開（四月）
世 リクルート事件（六月～）

一九八九年
ジ「魔女の宅急便」公開（七月）
スタッフを社員化、常勤化
定期的な新人採用開始（一一月）
吾 森緑地設計事務所に入社（四月）
世 昭和天皇崩御（一月）
消費税法施行（四月）
美空ひばり死去（六月）

一九九〇年
世 東西ドイツ統一（一〇月）

●「となりのトトロ」制作スタッフの集合写真。

「やるのかやらないのか、はっきりしろ」と言っちゃったんです。

その提案に乗ったというところまでは理解できるんですが、その次の映画に関わるという選択とは、ずいぶん距離があると思うんですけど。

吾朗　何も考えていなかったので、「ちょっとオブザーバーをやらない?」と言われて面白そうだなと思って、ついそっちに乗ったという感じですよね。

上野　えっ、そんな軽いノリなんですか。

吾朗　軽いノリでしたね（笑）。で、いろいろ検討を始めたのはいいんですけど、監督候補の人のあまりに煮え切らない態度に思わず、「やるのかやらないのか、はっきりしろ」と言っちゃったんです。それで、「じゃ、辞める」っていう話になって、その人がいなくなってしまった。

上野　ということは、追い詰めたのは吾朗さんなの?

吾朗　そう。僕が悪いんですけど。

上野　追い詰めたとき、自分がその責任を取るという覚悟はあったんですよね。その人が辞めるとなったら、じゃあ、誰がやるのかという問題が次に出てきますから。

吾朗　今思えば、できそうかなと思っていたんでしょうね、たぶん。ただその踏ん切りはまだついていないというか。

上野　造園をやっていた人がジブリ美術館の建設を手がけるのは軟着陸です。私はアニメの現場を詳しくは知らないけれど、アニメーション監督という仕事は、いくら吾朗さんが小さいときから親しんでいたとしても、門前の小僧でできるようなものではないと思うんだけど。あまりにジャンルが違いますよね。

吾朗　違いますね。

上野　違うけど、できそうな気がしちゃったのはなぜですか。

吾朗　それは子どもの頃からやっぱり親の仕事に興味があって、雑誌を読んだり、家にあるものを眺めたりしていたので、こうやってつくるんだろうぐらいは知ってはいたんですよね。

上野　子どもの頃から駿さんの職場にも出

● 吾朗が描いた「ゲド戦記」イメージボード。

一九九一年
ジ 「おもひでぽろぽろ」公開（七月）
世 湾岸戦争勃発（一月）

一九九二年
ジ 「紅の豚」公開（七月）
東京都小金井市に第1スタジオ完成、移転（八月）
世 佐川急便事件（二月）

● 「紅の豚」のポルコ・ロッソと第1スタジオの完成を祝う関係者一同。

一九九三年
ジ 初のテレビ向け作品「海がきこえる」放送（五月）
世 Jリーグ開幕（五月）
環境基本法成立（一一月）

一九九四年
ジ 「平成狸合戦ぽんぽこ」公開（七月）
世 松本サリン事件（六月）
プレイステーション発売（一二月）

入りしていました？

吾朗　いえ、本当に現場を見たのは、美術館の仕事でジブリに転職してからですね。

上野　作品というものがどんなふうにつくられるかということはだいたい知っていて、これなら特別な訓練を受けなくてもできそうだと思われたということ？

吾朗　というより、一流の技術を持ったプロフェッショナルの方々がそこにいるわけじゃないですか。絵を動かすためのアニメーターという人がいて、背景を描く美術という人がいて、撮影する人がいる。そこに、こういうものをつくりたいという方向性さえうまく示せれば、できるんじゃないかなと思ったということですね。

上野　そうは言っても、駿さんが描かれた絵コンテを見ると、ものすごく緻密ですよね。普通なら、これができる人じゃなかったら、プロに指示も出せないと思いませんか。

吾朗　思いました。ただ、監督候補の人が辞めたときには来年公開ということは決まっていて、もう後がないから「吾朗君、どうするの？」って言われて。そうなると、やらなきゃいけない気持ちがすごく湧いてきて「わかりました、やります」と言ってしまったんです。もちろん絵コンテなんて今まで描いたことないですから「どうすればいいんですか」と鈴木プロデューサーに聞くと、「見よう見まねで描けばいいんだよ」と（笑）。

上野　はいはい（笑）。

吾朗　「いっぱい出版されているから、宮さん（宮崎駿）のやつを横に置いて、それを真似しながら描けばいい」という。その言葉通りに見よう見まねをしつつ、作画演出の山下（明彦）さんが一緒にやってくれたので、まあ、絵コンテができちゃったんですよね。

上野　それでできてしまうというのは、やっぱり才能があったということですか。

吾朗　いや、当時は技術的なノウハウや細かいことはまるでわからないわけです。ただ、こういうイメージでこんな絵なんですけど、と相談をすると、山下さんが「それはこうやって組み立てればいいんですよ」と最終的に絵コンテという形にしてくれたんです。だから一人で全部描いたというより、ずいぶん助けてもらいながらやったという感じですね。

● 吾朗は映画「ゲド戦記」の制作にあたって、アーシュラ・K．ル＝グウィンによる原作（岩波書店）を土台としながら、宮崎駿の絵物語『シュナの旅』（徳間書店）を翻案する形でキャラクターイメージを練り上げていった。

一九九五年

ジ　「耳をすませば」公開（七月）

吾　ジブリ第1スタジオ屋上庭園の設計を担当する（一二月）

世　阪神淡路大震災（一月）
地下鉄サリン事件（三月）
Windows95 発売（一一月）

● 吾朗が手がけた屋上庭園。

一九九六年

ジ　親会社の徳間書店がディズニーと映画＆ビデオの世界配給提携を発表（七月）

世　O157集団食中毒続発（五月〜）
NINTENDO64 発売（六月）

● ディズニーとの会見に出席する宮崎駿。

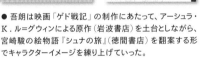

「あなたのお父さんがやっているような仕事はほんとうに才能があっても大変なのよ」

上野　つまり、監督としてはプロを束ねるという役割を果たせればいいと思っていた？

吾朗　うーん……というところはありますね。だから工事現場の監督と本質的には同じだなと思っていたんです。

上野　なるほど、それなら経験があると。ところで、アーシュラ・K・ル＝グウィンが書いた『ゲド戦記』という原作小説は、そもそも宮崎駿作品に多くの影響を与えていることが周知されているくらい、駿さんにとって思い入れの深いものです。映画制作の過程で駿さんは相当介入されましたか。

吾朗　そもそも僕がいきなり監督をやることには大反対だったので、だいぶ怒鳴り合いの喧嘩をして、その後、しばらく口をきかないということがありました。

上野　大反対って、やめろって言われたんですか。

吾朗　ようするに「何の経験も下積みもない人間がいきなり監督になることがどういうことか、おまえにはわかっているのか」という。

上野　普通に良識のある意見だと思いますけど（笑）。

吾朗　そうですね（笑）。それで「俺がどれだけ苦労して監督になったと思ってるんだ。おまえにできるわけがない」と言うんですね。そのとき売り言葉に買い言葉もあって、僕は「一緒にやってくれる人もいるわけだから、できる」と言ってしまったんです。で、机を叩いて怒鳴り合いというわけです（笑）。

上野　私にもそのときの吾朗さんの決断がちょっと理解できない。そもそも、ご自分の進路を信州大学の造園学に選んだとき、いったんは父親と違う分野に進むという人生を選択したわけですね。ある分野で一流の仕事をした父親を持つ子どもは、自分が父を越えられないと思うと、父と競合しない分野を選ぶというのはとても自然な選択です。

吾朗　そうですね。いったんはしました。もちろん、それは自分で決めたということではありますけど、母親に常日頃から言われていた言葉の影響も大きかったように思います。母親は常に「あなたのお父さんがやっているような仕事はほんとうに才能があっても大変なのよ。そこで生きていくということは余程な覚悟と力がないと無理だから」というようなことを言っていて、彼女は自分もアニメーターだったのでよく理解していたんですね。あとは、僕が高校生ぐら

一九九七年

ジ　徳間書店と合併し、株式会社徳間書店／スタジオジブリ・カンパニーに改組（六月）
「もののけ姫」公開（七月）

世　消費税五パーセントに引き上げ（四月）
山一證券破綻（一一月）

●「もののけ姫」の打ち上げでスピーチする宮崎駿。

一九九八年

ジ　ジブリ美術館の準備会社である株式会社ムゼオ・ダルテ・ジブリ設立（一〇月）

吾　森緑地設計事務所を退社し、スタジオジブリに入社
株式会社ムゼオ・ダルテ・ジブリの代表取締役に就任（一〇月）

世　Windows98（七月）、iMac 発売（八月）

● 98年末のジブリ忘年会でスピーチする吾朗。

いのときはまだ父親もヒット作の監督ではなかったので、ようするにお金の面でもやっていくのが大変なのよ、と。それで自分にはそこまで絵の才能もないし、これは無理だなと思って、何か別の道はないかということを考えて信州大学へ行ったんです。

上野　子どもの頃から吾朗さんがお父さんと同じ道へ進まないように、お母さんから常に誘導されてたわけですね。

吾朗　母親は常に「お父さんみたいになっちゃダメよ」って言ってました（笑）。

上野　あっ、そう（笑）。造園学へ進むという選択は、ご両親に理解されましたか。

吾朗　父親は何も言わなかったですね。そもそも父親が家に帰ってくる時間にはたいてい僕は寝ているので、会話以前に顔も合わせませんでした。ひとつだけ「大学四年間というのは暇な時間なんだ。だからその暇な時間で将来自分がどうするかを考えろ」とだけ言われました。母親のほうは進路そのものの選択に対しては何も言わなかったですね。

● 信州大学在学時、フィールドワーク中の吾朗（4年生）。在学中は児童文化研究会にも所属し、仲間たちと人形劇もしていた。

上野　とくに誘導もしないけど、お父さんのようにはなるなとだけはおっしゃったわけね。

吾朗　それ、二重の意味があると思うんですよ。職業として選ばないほうがいいということと、仕事ばかりで家にいないような父親になってはいけないという。

上野　なるほど。それは妻の言い分ですね。その教訓はちゃんと刷り込まれていますか。

吾朗　刷り込まれているつもりです。

上野　監督になった後も?

吾朗　極力そう努めるようにしています。

上野　昔の妻は耐えたかもしれませんが、今の妻は耐えませんからね。

吾朗　はい（笑）。「コクリコ坂から」をやっているときに子どもがまだ小さかったので、だいたい夕方に家に帰って、ご飯は家族と一緒に食べて、子どもをお風呂に入れるところまでやってから、またもう一回会社に行くみたいなことをやっていました。

上野　今日に至るまでまだ一回目の結婚が続いていらっしゃるのは何よりです（笑）。

吾朗　まあ、一応、無事続いています（笑）。

「ゲド戦記」で描いた父殺しの物語

上野　話を戻すと、ジブリ美術館の館長を辞めて、お父さんのフィールドに入ろうとしたら、今度はご両親二人ともがやめろとおっしゃったわけね。

吾朗　母親もいい顔をしなかったですね。美術館をやるときは「あなたがやってくれて安心するわ」みたいなところがあったわけです。そこまでは良かったんですけど、監督をやることになったと言ったら、父親も含めて、みんないい顔をしなかったですね。

上野　父親の気持ちにアンビバレンツな部分があったとは考えられませんか。よくぞ言ってくれたという気持ちと、おまえ大変だぞという気持ち。だから、わざと反対して挑発したと。

吾朗　それはなかったんじゃないのかなと思いますね。父親と怒鳴り合いをやったときは、二人共かなり真剣だったので。

上野　その怒鳴り合いの中には、父が息子を試すということもあるんじゃないですか。おまえ、どこまで本気なんだという。

吾朗　うーん、そんな素敵な人じゃないと思うので。

上野　ほんとに?

吾朗　真剣に言っていたと思いますね。

上野　だから、その真剣さの中に。

吾朗　いや、言葉通りで言っていたと思います。だから「ゲド戦記」が終わってから三年ぐらい、ひと言も口きかなかったですね、お互い。

上野　「ゲド戦記」のでき上がりに、駿さんは満足なさらなかったの?

吾朗　満足するわけがないですよね、と、思うんです。

上野　というと？　「するわけがない」っていう今の言い方、面白いですね。

吾朗　やっぱり彼なりの「ゲド戦記」というのはこうだというのがあるじゃないですか。僕がつくったものはテーマ的にも内容的にもそれとはまるで違ったものだろうし、当然、技術的にも彼ならこうするというのがあるわけです。僕にしても、今思えばああすれば良かった、こうすれば良かったということはいっぱいあるわけで。

上野　駿さんは制作過程で「俺ならこうする」という介入はなさらなかったの？

吾朗　いったん走り始めてからはなかったです。

上野　そこは潔いですね。でも、原作者のアーシュラ・K・ル＝グウィンとのやりとりには、駿さんが表に立たれたんでしょう。

吾朗　一度だけ、鈴木さんが無理矢理アメリカに連れていったことがありましたね。僕はそれはプロデューサーの仕事だと思っていたので、お任せしますという感じでした。

上野　駿さんは、完成した映画に関して評価を口にされましたか。

吾朗　僕は直接聞いてないですね、本人からは。

上野　それは怖くて聞けない？　聞いたら何を言うか、だいたいわかります？

吾朗　聞く必要ないと思っていたんですよね。

上野　というと？

吾朗　自分はある考えがあって、とりあえず今できることを最大限やったので、それに対して論評されなくてもいいと思っていたんですけどね。

上野　なるほど。それはものすごい自負心です。

吾朗　まだ若かったんです（笑）。

上野　吾朗さん作の「ゲド戦記」では、アレンという王子が父を殺して放浪の旅に出る父殺しがスタートです。父殺しのテーマは、もともとご自分の中にあったものですか。

吾朗　僕は当初、狂った王様のもとにいる王子が逃げるという筋でシナリオを書いていたんです。それを見た鈴木プロデューサーが「これだと吾朗君がそうやっているみたいに見えるから、逃げるんじゃなくて殺せ」と言ったんです。あっ、殺していいんですかねと言ったら、「殺しちゃいなよ」って。わかりました。じゃあ殺しますと言って殺すという設定にしたんですよね。ただ、「殺せばいいんだよ」と言われたときに、ああ、そうだよなと思ってしまったというのは確かですね。

●「ゲド戦記」映画化構想時の2003年に「サツキとメイの家」の建設と愛知万博への参加を発表する会見に出席した吾朗。

上野　なるほど、と腑に落ちたんですね。

吾朗　逃げるにしても、やることをやってから逃げたほうがいいと言うんですか。あとはジブリ美術館でもいろいろあったし、その後もいろいろあったものですから、殺してもいいなという気になっていたんでしょうね。

上野　ということは、劇中で父親を殺すと決めたと同時に、吾朗さんも父親に助けを求めないと覚悟を決めた、と？

吾朗　これ一本やったらもう終わりだろうと思っていたんですよね。

上野　え？　終わりというのは、この作品で最初で最後という意味ですか？

吾朗　はい。その後、ジブリを去らなければいけなくなっても、それはそれでいいだろうと思っていたので、やりたいことやっちゃおうという気持ちですね。ただ実際に終わってみるとやっぱり生活もあるので、すぐ辞めるわけにもいかず、ひとつの役目は果たしたという気になって、美術館に隠れていたというところがあります。

上野　役目って、それはどういう役目ですか？

吾朗　会社として見ると、あるタームごとに世の中に映画が出ていくのがいいわけです。とはいえ、僕が監督をやる以前のジブリの体制では宮崎駿が二連投みたいな形で繰り返しやっていたので、これは長続きしないなというのは傍から見て思っていました。そういう意味ではある程度コンスタントにスタジオが映画をつくってくれないと美術館も困る。せっかくつくった美術館なので、やっぱり続いてほしい。そのときにジブリ美術館というものは他の美術館と違って美術館だけで成立するものではない。スタジオジブリが元気でいて、そこが映画をつくっているということが大事だと思ったんです。なので、一回リリーフはしたので、これでしばらく役目は果たしたなという気はどこかにありました。

上野　それでも世間の見る目は、吾朗さんは駿さんの息子だから、「おっ、後継者の第一作が出た」と思いますよね。第一作というのは、二作目、三作目が続くという意味です。

吾朗　でも、なくてもいいわけで。

上野　なぜですか。

吾朗　最初で最後というのもないわけじゃないなと。

上野　普通はそれを後継者とは呼ばないです。

吾朗　ええ、呼ばないんですけど。

ベテランアニメーターからの洗礼

上野　ちょっとお聞きしますけど、ジブリにはそんなに後継者にふさわしい人材がいなかったんですか。今の話だと、プロの集団がいて、束ねるプロデューサーがいて、宮崎駿というブランドがなくても、工房としてコンスタントに作品を制作していける見通しがあれば、吾朗さんは手を引くこともできますよね。あるいは制作を現場に委ねて、経営者になるという選択もありえます。

吾朗　結局監督なり、演出なりをできる人材で、なおかつ宮崎駿なり、鈴木敏夫の眼鏡にかなう人というのは滅多にいないということですよね。

● アニメーション制作経験ゼロで監督を務めるのはジブリでも異例。古参のアニメーターたちの薫陶を受けながら、少しずつ信頼を築いていった。

一九九九年

ジ　第2スタジオ完成（四月）
「ホーホケキョ となりの山田くん」公開（七月）
株式会社徳間書店スタジオジブリ事業本部に改称（一〇月）

世　日銀、ゼロ金利政策実施（二月）

● 建設時の第2スタジオ。

二〇〇〇年

ジ　第3スタジオ完成（三月）

世　プレイステーション2発売（三月）

二〇〇一年

ジ　「千と千尋の神隠し」公開（七月）
三鷹の森ジブリ美術館オープン（一〇月）

吾　ジブリ美術館の初代館長に就任（一〇月）

世　第一次小泉内閣発足（四月）
米国同時多発テロ発生（九月）

● 美術館オープン時の宮崎駿と吾朗。

大ベテランの方に怒られて、三時間ぐらい正座させられながら説教されたことはありました(笑)。

上野　ということは、あれだけ何十年もやってきたのに、そういう人材が育たなかったのでしょうか。

吾朗　育てて育つものではないと思いますね、その部分だけは。絵を描く技術というのはある程度伝承はできますけど、何を描くのかを決め、それを形にすべくいろいろな人に差配していくというのは、伝承しにくいものだと思います。それは監督という立場もたぶん同じことで。

上野　でも長年ジブリでやってこられた、職人肌のプロ集団がいらっしゃるわけでしょう。その方たちの間に吾朗さんが監督をやるということに対する、嫉妬ややっかみはなかったですか?

吾朗　嫉妬というか、ものすごく怖かったです、現場が。

上野　怖いって?

吾朗　シロウトが何するつもりなんだという。

上野　突然横から入ってきて?

吾朗　ええ、お手並み拝見という。

上野　そうなりますよね。

吾朗　視線は痛かったですね(笑)。

上野　それ、どう対処なさいました? 先ほど、プロ集団が協力してくれるから大丈夫とおっしゃったけど、そのプロたちは、いわば戦国時代の君主の代替わりのときに、先代の君主に仕えていた老臣みたいなものじゃないですか。そりゃ、お互いにやりにくいでしょう。

吾朗　結局やって見せないと納得してくれないところがあるので、ひとつは絵コンテが

牛丼の宴のお知らせ

明日14日(土)の18:30より、1階バーにて、ゴロウ監督謹製の牛丼が振る舞われます。

お腹を空かせておいて下さい。

制作部

●「ゲド戦記」制作期間中は、スタッフと親睦を深めるため、たびたび食事会を開催。監督自らキッチンに立ち、牛丼やハヤシライスを振る舞った。

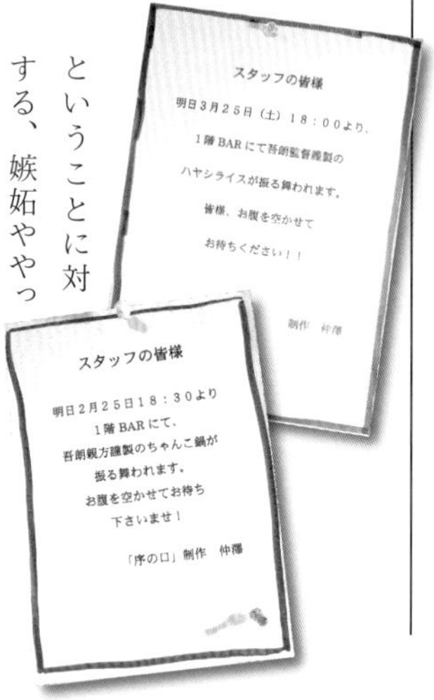

スタッフの皆様

明日3月25日(土)18:00より、
1階BARにて吾朗監督謹製の
ハヤシライスが振る舞われます。
皆様、お腹を空かせて
お待ちください!!

制作　仲澤

スタッフの皆様

明日2月25日18:30より
1階BARにて、
吾朗親方謹製のちゃんこ鍋が
振る舞われます。
お腹を空かせてお待ち
下さいませ!

「序の口」制作　仲澤

二〇〇二年

ジ　「千と千尋の神隠し」が第52回ベルリン国際映画祭で金熊賞を受賞(二月)
「猫の恩返し」「ギブリーズ episode 2」公開(七月)

世　日韓W杯開催(五月～六月)

●金熊賞受賞トロフィーを持つ宮崎駿。

二〇〇三年

ジ　「千と千尋の神隠し」が第75回アカデミー賞長編アニメーション映画賞受賞(三月)

吾　「ゲド戦記」映画化のための研究会に参加(一〇月)

世　貴乃花引退(一月)
地上デジタル放送開始(一二月)

●「千と千尋の神隠し」のアカデミー賞受賞会見で記者の質問に答える吾朗と鈴木敏夫。

でき上がったときに、ちょっとはやるのかなみたいな感じでとらえてくれて。

上野　そのつど、値踏みされていたわけですね。

吾朗　ずっと値踏みをされている感じでした。現場が始まると、今度は一斉にアニメーターが絵を描き始めるわけですけど、それに先立って主要なスタッフに作品の説明をしなきゃいけないんです。このシークエンスはこういうことをやりたい、こういう表現をしたいと。そこでどんなことを言うかを、またずっと値踏みされている。

上野　それは一つひとつクリアした？

吾朗　ずっと腋に汗かきながら（笑）。建築現場の気難しい職人さんと仕事をしているときとそっくりですね。

上野　この若造、なんぼのもんや、みたいな。

吾朗　ええ、左官のベテランや板金のベテランの職人さんが「おまえは俺にいったい何をさせたいんだ。トンチンカンなことを言ったら承知しないぞ」という眼で新米の現場監督をジッと睨みつけている、あの感じですね。

上野　トラブルはありました？

吾朗　大ベテランの方に怒られて、三時間ぐらい正座させられながら説教されたことはありました（笑）。

上野　すごい。職人さんが監督を正座させちゃうんだ（笑）。

吾朗　そのときはわからなかったけれど、実はとんでもなく難しい注文をしていたということが後でわかるんです。知らないことによって、普通だったらやらないようなことを指示しちゃうわけです。たとえばあるシーンの中で時間がずっと数珠つなぎになっていて、太陽が昇ってくるから徐々に明るさが変わっていくとか、あるいはだんだん夜になっていくとか。これって絵を描くほうはとんでもなく大変なんです。

　背景だけでなく、キャラクターの色も少しずつ変えていかなきゃいけないので。だから彼らからすれば「こんなことしやがって」という。

上野　そういうときに、お父さんにアドバイスを求めようとは考えなかったんですか。

吾朗　聞いたらもうおしまいだと思っていたので。そこで親がかりで誰かに頼っているとなると。だから、そのときは意地でも聞か

●「ゲド戦記」には、東映動画時代から高畑・宮崎両監督とともに数々の作品を手掛けてきた保田道世（色彩設計）も参加。吾朗の監督デビューを陰で支えた。

二〇〇四年

ジ 吾 「ハウルの動く城」公開（一一月）
企画・原案・監修・製作プロデューサーを務めた企画展示「ピクサー展」がジブリ美術館で開催（五月～）

世 新潟県中越地震（一〇月）

二〇〇五年

ジ 「サツキとメイの家」竣工（二月）
徳間書店から分離独立し、再び株式会社スタジオジブリとなる（三月）

吾 「ゲド戦記」制作準備室発足（二月）
芸術選奨文部科学大臣新人賞を受賞（三月）
ジブリ美術館館長を退任（六月）

世 郵政民営化法成立（一〇月）

二〇〇六年

ジ 吾 「ゲド戦記」公開（七月）
同作がヴェネツィア国際映画祭で招待上映（九月）

世 ライブドア事件（一月）

二〇〇七年

吾 「ゲド戦記」が第30回日本アカデミー賞優秀アニメーション作品賞を受賞（二月）
ジブリ美術館の「団長」に就任（二月）

世 能登半島地震（三月）
新潟県中越沖地震（七月）

●「ゲド戦記」の打ち上げでスピーチする吾朗。

ないと思っていましたね。

上野 怒鳴り合いをした成果ですね。

吾朗 そうですね。

上野 勝手な深読みをすると、怒鳴り合いして、自分に助けを求めないという立場に息子を追いやったのは、駿さんなりの深謀遠慮の親心だったんじゃないかという気もするけど。

吾朗 どうでしょうね。ただ、スタッフの中には、僕の知らないところでこっそり宮崎駿に相談していた人はいたみたいです。たとえば色彩設計の保田（道世）さんが色で悩んだときに、「宮さん、これ、どう思う?」と聞きに行っていたというようなことを後で知るんですけど。

上野 それを吾朗さんにわからないようにやっておられたわけね。

吾朗 はい。

上野 そこはその方たちも、吾朗さんの監督としての立場を配慮しておられたんだ。

吾朗 うーん……ですね。

上野 「ゲド戦記」を観たときの私の感想を述べると、主人公のアレンは父殺しで故郷に戻れない。テルーという女の子も被虐待児ですから故郷には戻れない。あそこに出てくる主人公たちはみんなふるさとを失った放浪者たちです。そういう設定の中に既存のジブリ作品からの引用がちりばめられている。いわばお家芸の継承と、もう後戻りしないという出発の宣言です。だから吾朗さんは後継者として「ここまでできる」というスタートを示したんだと見えました。ところが、ご本人は後継者第一作とは思っていなかったというのを、今日初めて知って、びっくりしました。

吾朗 全然思ってなかったです（笑）。ワンポイントリリーフというつもりでしたね。そういう意味で、まだ生半可なところがあったと思います。で、二作目でひどい目に遭うわけです。

父からの難題「コクリコ坂から」

上野 ワンポイントリリーフのつもりが、二作目をやる気になったのはどうしてですか。

●『山賊のむすめローニャ』（岩波書店）と『コクリコ坂から』（KADOKAWA）の原作本。

吾朗 新しい美術館の館長の下に隠れて無責任な立場でわりと楽しくやっていたんですけど、あるとき鈴木さんから「吾朗君、次、どうするの?」って言われて。ジブリにまた呼び戻され、まず企画を考えるということになりました。

上野 今度は企画からだったんですか。

吾朗 ええ。そこで初めて自分で企画を考えることになるんですけど、なかなか題材が決まらない。ひとつ、これはと思った原作がその後テレビシリーズでやることになる『山賊のむすめローニャ』だったんです。これはアストリッド・リンドグレーンによるスウェーデンの児童文学作品なのですが、映画にするにはかなり長いお話なのでどうやって短くまとめるのかというのを考えているときに、今度は度重なる介入があったんです、宮崎駿の。僕らが準備しているところにちょくちょく来ては「こうしたほうがいい」って言っていく。

上野 ということは、駿さんが態度を変えられたわけね。突き放して、「おまえ一人で勝手にやれ」から、今度は「監督として育てよう」と。

吾朗 いや、というよ

●「コクリコ坂から」の制作現場。

りも、俺の思う通りにやれという感じです。その話を聞いていると、僕がやりたいと思っていたことと、宮崎駿がこうやるべきだと言うこととが水と油だったので、企画として成立しなくなって行き詰まってしまったんです。そうしたら突然、宮崎駿から「コクリコ坂から」の原作漫画を与えられたという。

上野 そうなの？ 私はあの世界は鈴木（敏夫）ワールドだと思っていました。じゃないの？

吾朗 両方ですかね（笑）。

上野 とてもわかりやすい団塊世代ワールドでしょう。

吾朗 物語の舞台となっている六三年というのは、確か宮崎駿が就職した年ですね。彼が原作漫画の設定をあの時代に変え、シナリオも俺が書くということで書いたシナリオを渡されて、「はい、やれ」という感じです。

上野 そのときは雇われ監督みたいな感じですか？

吾朗 そういう気分はどこかにありました。僕はもうとにかくこれをやらなきゃいけないという感じだったので、「ゲド戦記」のときよりも実はメンタル的に辛かったですね。

上野 駿さんの態度がそれだけ変わったということは、「おまえに監督をやらせてもいい」というお墨付きが出たということになりませんか。

● 吾朗が描いた「コクリコ坂から」の初期イメージ。東京オリンピックを控えた街では高速道路の建設工事が進められている。

吾朗 うーん……実は、ちょうど「ゲド戦記」と「コクリコ坂から」の間に、僕に子どもが生まれたんですよ。つまり孫が生まれたことをきっかけに、三年ぐらい喋っていなかったのが、わりと喋るようになった

二〇〇八年

ジ 「崖の上のポニョ」公開（七月）

吾 企画・原案・監修を務めた企画展示「小さなルーヴル美術館」展がジブリ美術館で開催（五月〜）
企画・構成を務めた「堀田善衛展 スタジオジブリが描く乱世。」が県立神奈川近代文学館で開催（一〇月）

世 リーマン・ブラザーズ破綻（九月）

●「堀田善衛展 スタジオジブリが描く乱世。」ポスター。

二〇〇九年

ジ トヨタ自動車の社内に西ジブリ設立（四月）

吾 「山賊のむすめローニャ」が次回作に決定（五月）
演出を担当した読売新聞のCM「ふうせんガムすけ編」が放送される（八月）

世 民主党政権誕生（九月）

● 西ジブリ設立のあいさつをする宮崎駿。

んですよね。めちゃくちゃわかりやすいですけど。

上野　じゃあ、孫が生まれていなかったら断絶は続いていたかも？

吾朗　続いていた可能性はありますね。

上野　孫をクッションにして、やっと口をきはじめたと？

吾朗　という感じでしたね。孫を会わせないわけにもいかないので（笑）。

上野　それで「コクリコ坂から」が出てきて、監督を託されたと。

吾朗　その頃にはある程度喋るようになっていたんですけど、一方で渡された題材が難題だったので、かなり悩んだというのがありますね。

上野　どこに悩みました？　六〇年代の学生運動の世界なんて、吾朗さんはまだ生まれていないし、興味もなかったでしょう。

吾朗　生まれてはいませんけど、気分みたいなものはわかるところもあって、そこは困らなかったんです。ただ、ファンタジー要素がゼロで盛り上がりもあるんだかないんだかわからない地味な話だったので、何をよりどころにその時代の高校生の男の子と女の子を描いていけばいいのかをずっと悩んでいて。だから「ゲド戦記」のときは絵コンテを三カ月ぐらいで終わらせているんですけど、「コクリコ坂から」は半年以上か、もっと長くやっていましたね。

上野　駿さんから次々に指示は来るんでしょう。

吾朗　いや、すでにシナリオを渡されているので、ここに全部書いてあるという感じなんですよ。ただその通りやると、なかなか成立しない。かといって変えていいものやら、いけないものやらと悩んでいたところで、鈴木さんに「変えてもいいんだよ」と言われ、絵コンテを半分ぐらい描いたところでもう一回考え直して、最初からやり直すという感じでした。

上野　吾朗さんとしては、駿さんの介入があったぶん、二作目のほうが独自性を出しにくかった？

吾朗　出しにくかったですし、つかみようのないものを相手にやっているようなしんどさがありました。それとは別に、ジブリとしては「借りぐらしのアリエッティ」が終わってすぐだったので、現場のスタッフがヘロヘロなんですよ。描いている人たちも作品が続くと、みんな疲弊しているので使えるスタッフも潤沢ではない。「ゲド戦記」のときはかなりベテランの人たちに助けられたんですが、「コクリコ坂から」のときはその部分がなかったので、人繰りも含めてかなり大変でした。

上野　じゃあ、二度目だからラクになるということはなかったんですか？

吾朗　全然ですね。一回やったくらいでわ

二〇一〇年

ジ 第5スタジオ完成（六月）
「借りぐらしのアリエッティ」公開（七月）
西ジブリ終了（八月）

吾 「ローニャ」の準備を中断し、佐山哲郎・高橋千鶴の漫画『コクリコ坂から』の映画化を進めることが決定（一月）
演出を担当した日清製粉グループの百十周年記念CM「コニャラ『ただいまの歌』篇」が放送される（三月）

世 日本航空経営破綻（一月）
日銀ゼロ金利政策再開（一〇月）

二〇一一年

ジ吾 「コクリコ坂から」公開（七月）

世 東日本大震災（三月）

二〇一二年

ジ 第7スタジオ稼働開始（二月）

吾 「コクリコ坂から」が第35回日本アカデミー賞最優秀アニメーション作品賞を受賞（三月）

世 自民党が政権奪還（一二月）

●「コクリコ坂から」キャンペーン時の吾朗。

かったような気分でやるとひどい目に遭うなと思いました。ただ、二作目のほうが経験としては大きかったですね。一作目はとにかくやったというだけになってしまっていて、二作目のほうがいろいろ学ぶことは多かったです。

上野　それはどういう部分で？

吾朗　「コクリコ坂から」ってほとんど日常のお芝居しかないので、話をなぞるだけだとつまらないと言っちゃえばつまらないんですよ。それを面白く見せるためにはカット割りも工夫しなければならない。たとえば二人が傘を差して雨の中を歩いているというだけのシーンをドラマチックにするにはどう工夫したらいいのか、というようなことを常に考えるわけです。

上野　私が「コクリコ坂から」を観て疑問に思ったのは、あの映画はいったい誰に向けてつくられていて、実際どういう人が観たのかということでした。同じ時代を生きていた団塊世代の観客にとっては、その時代の気分が投影されていれば、懐古趣味で受けるかもしれないけれど、そこに吾朗さんが監督をするモチベーションがあるとは思えない。だから、これは鈴木さんの趣味だなと思ったわけです。

吾朗　そこは悩みましたね。やっぱり自分がつくるんだから、若い人に向けて何かを込めたいと思っているんですけど、題材が題材なだけに、「これ、子どもは観ないしな」って思ってしまう。

上野　吾朗さんとしては、自分の世代から下の人たちが観るに堪えるものをつくりたい、と思われたでしょう。最終的にそれはどう解決されましたか。

吾朗　とにかく時代感は違うけど、観た人が自分と同じ日常を送っているキャラクターなんだと共感できるものを出すために生活の表現を丁寧にしつこくやるしかないのかなということは思いました。正直言うとそれが正解だったのかは最後までわからなかったですね。

上野　私はあの映画の中で、朝鮮戦争で日本人が死んだという設定が描かれていたことに驚きました。敗戦から七五年間、日本は一人も戦死者を出していないと言われていますが、それはただの神話です。それをあんな形で物語の中に組み込んで描いている。「風立ちぬ」もそうでしたが、あの反戦思想は、あの物語のメッセージのひとつだなと感じました。あともう一つのメッセージは信号旗ですか。映画に繰り返し出てくるあのシーンは印象的ですね。

吾朗　「安全な航海を祈る」というやつですね。

上野　「ゲド戦記」とその次の「コクリコ坂から」をくらべると、「ゲド戦記」はふるさとから放逐されて戻れない子どもたち。「コクリコ坂から」の信号旗のシーンは、帰るべき場所を示しています。そういう意味では一作目と二作目でずいぶん対照的な作品をつくられたと思いました。

吾朗　信号旗のシーンは、ちょっとしんどかったですね。主人公の女の子はお父さんが朝鮮戦争で亡くなってしまっているのに、その帰りを待ちながら今でも旗を揚げ、ずっとその場に自分を縛りつけて待っている。この子はいったいどこで解放されるんだということを考えると、いたたまれなかった。

上野　それはやっぱり、団塊世代ワールドにおける女性に期待された役割なんですよ。あの世代の物語で描かれる女性という

● 魚屋で買い物をする主人公・海。60年代の雰囲気や当時の人々の日常を細部まで表現するため、吾朗は何枚ものイメージボードを描いた。

「一本やろうが何本やろうが一回つくったら一生監督なんだ。その辛さがおまえにわかるか」

のは、常に帰るべきふるさとであり、揺るがない居場所です。どんなに遠い航海に出ても、必ず帰るべき場所に待っている女がいる。しかも無垢な女性です。都合よすぎるよね（笑）。

吾朗 そこも若干納得いかなかったんです（笑）。

上野 そこは世代が違うのかもしれません。私だって納得できません。もういいねえよ、こういう女はって。

吾朗 という気もしていたんですけど（笑）。ただ、勉強にはなったんです。お父さんが軍艦に乗っていたんじゃなく商船に乗っていたという設定だったので、戦時中の商船がどういう目に遭ったかというのをいろいろ調べると、結局海軍の軍人よりも民間の船乗りのほうが多く死んでいるんですよね。その数は圧倒的な差がある。そういう人たちがいたというのはまるで知らなかったし、そもそも朝鮮戦争に物資輸送で日本が関わっていたということすらそれまで教わったことがなかったので、自分としてはずいぶん発見もあった作品ですね。

上野 民間人だから戦死者になれないんですよ。日本は憲法九条の縛りがあって、当時占領軍に言われて警察予備隊をつくっても、軍人としては出せないから、民間人を出すしかない。だから、その後の補償も戦傷病死にならないはずです。

吾朗 ええ、そういうことも、この作品を通して勉強して初めて知りました。

上野 今の一作目と二作目の成り立ちを聞くと、もし一作目から駿さんが「コクリコ坂から」のような形で指示を出し、雇われ監督のように吾朗さんを使っていたら、吾朗さんの監督人生はその先に続かなかったかもしれませんね。

吾朗 続かなかったと思いますね。

上野 そう考えると、一作目で怒鳴り合いの末に関係を断ち切ったのは、やはり駿さんの親心だったのかなという気がしてしまいますけど。

吾朗 うーん……引くに引けなくなったのは事実ですね（笑）。「ゲド」の監督をやると決まったとき、父親に言われたことはよく覚えているんですよね。「映画監督というのは一本やろうが何本やろうが一回つくったら一生監督なんだ。その辛さがおまえにわかるか」って言われたんです。僕は「わからん」って答えたんですが。

上野 二作目の出来栄えに対するご自身の手応えはどうですか？

吾朗 二作目のほうがやり残した感が多かったですね。たぶん、映画をつくるというのはどういうことかが、ちょっとわかってきたせいもあると思うんです。一作目は無我夢中なので、あまりそういうことを考えないんですけど、二作目になると、もう少しうまいやり方があったんじゃないのとか、あそこのカットはこうすれば良かったみたいな。

上野 ご自分への要求水準が上がったんだ。となると、また欲が出ますよね。

吾朗 欲というか、終わった後、しばらく鬱々としていました。

上野 これは外から見た感想ですが、ジブリのお家芸として、ひとつは駿さん系のファンタジーアニメがあり、もう一つに「火垂るの墓」のような家族ドラマ系列がありますよね。その二つのお家芸を継承して、その二つのまったく違う系列の作品を一作目と二作目で引き受け、課題をクリアしたというふうに見えるんですが。いわば宮崎パパ

●「コクリコ坂から」の打ち上げで鏡開きをする関係者たち。

と鈴木パパの二人のパパに、ここまでやってみせた、文句あるかと。ご自身はどう思われます？

吾朗　そうですね……一応納期に間に合わせて、ちゃんと仕上げましたという意味では最低限の課題はクリアしたのかもしれないですが、正直に言えば二作目が終わった後は、ずいぶんくさってましたね。

上野　くさっているというのは、自己評価が期待水準よりも低いということですね。それだけ自分に厳しくなったとも言える。それだけ目標が高くなったんなら、今度はもっといい仕事をしようというドライブの原動力になりませんか。

吾朗　そこで鈴木プロデューサーに、このままジブリにいるとダメになるから、外でやれと言われたんですよ。このままいると宮崎駿の干渉から逃れられない、だから一回外へ出ろ、と。

上野　鈴木さんは、すごい教育者ね（笑）。

吾朗　ちょうどその時期はドワンゴの川上（量生）さんがジブリに出入りしていて、川上さんにも「吾朗さん、ここで映画をつくるのをやめたら碌《ろく》な人間にならないから、つくったほうがいい」って言われたんです。あんたに言われたくないと思ったけど（笑）。そこで、ジブリに籍は残したままテレビシリーズをやるべく、川上さんと次の準備を始めることになるんです。

ジブリの外でつくった「山賊の娘ローニャ」

上野　三作目の「山賊の娘ローニャ」は先ほどのお話だと、もともと「コクリコ坂から」の前に、ご自分であたためていた企画だったということでしたね。

吾朗　実は「ローニャ」を企画する前に、川上さんと一年間別の企画を準備していたんですよ。堀田善衛さんの小説『路上の人』をシリーズ化しようと。

上野　アニメで？

吾朗　ええ。絵コンテも四話分ぐらいまで描いたところで、いろいろ問題があって。

上野　なんで頓挫しちゃったの？　それができていたら観たかったな。

吾朗　ＮＨＫから宗教的題材はよしてくれと一年検討した挙げ句に言われまして。ようするにただの中世の冒険物にしてくれと言われたんですよ。そうなると原作の趣旨から外れてしまうので、そんなものはできないと突っぱねて、もうこの企画はなしという話になりました。

上野　ずいぶん時間もエネルギーも投資した後に……。

吾朗　ええ。そのとき映画化できなかった「ローニャ」の企画を思いついたんです。映画は無理だったかもしれないけど、馬鹿丁寧に頭からお尻まで全部やるのはシリーズ物のほうが向いているに違いない。これは子どもたちと大人たちの成長の物語だから、ＮＨＫもダメと言わないはずだと。で、この企画でどうだと提出したら、ほぼ即決で決まったという流れです。

上野　なるほど。いわばジブリのお家芸の二つとは異なる流れを三作目で、ということですね。ジブリの外で、しかもジブリの手法になかったＣＧで、と。三作目を手がけるにあたって、吾朗さんが目指したことはどういうものですか？

吾朗　最初に今回はＣＧでやるという方向性だけは決めたんです。美術館の館長時代にアメリカのピクサー・アニメーション・スタジオの展示をジブリ美術館で手がけたりしていたので、ＣＧを使ったアニメーションが世界的に主流になりつつある状況は理解してい

●「ローニャ」制作スタッフと打ち合わせをする吾朗。

●「ローニャ」は、ジブリにプロデューサー見習いとして出社していた川上量生（写真左から2人目）がプロデュースした。

たんですが、それを日本のテレビシリーズという長尺のもので果たして実現できるのかということは大きな課題であり、挑戦でした。

上野　テレビシリーズは長いですよね。

吾朗　二クールだったので二六話です。

上野　それをCG初体験で？

吾朗　はい。NHKとドワンゴで出資し、スタジオは既存のCGプロダクションから選んで、そこに専属チームを組成するという形になりました。そこでの体験がいろいろな意味で、すごく勉強になったんです。

上野　完全に外人部隊ですね。

吾朗　ええ、プロダクション側からすると僕のほうが外人監督ですけど。

上野　CGはもともと造園設計でも使われていました？

吾朗　いえ、僕の時代はまだ手描きで図面を描いていた時代です。最後のほうはコンピュータも使っていましたけど、ちょうど端境期でしたね。

上野　では、まるで馴染みのない状況で、どのように指示を出されたんですか？

吾朗　ある意味「ゲド」をやったときと同じです。プロフェッショナルの職人さんたちをどうやってその気にさせ、技術を引き出していくかということ自体は新しい現場に行っても変わりませんから。テレビシリーズなので三班体制でつくっていくんですが、外注も含めると一チームが三〇人から四〇人ぐらい。その三チームそれぞれに演出家が立ち、その演出家と僕がやりとりをするという感じです。

上野　その大所帯をちゃんと切り盛りして納期を守れるように統率するのが監督の役割ですね。

吾朗　ただ、絵コンテがしっかりしていればプロダクションの作業はスムーズに行くので、何をどうやりたいかを子細に指示する〝指示書としての絵コンテ〟を二六話分ちゃんとやり切るということを最優先の課題にしたんですよ。なので、基本はそれに集中して、あとは上がってきたものをチェックしてというやりとりです。

上野　ジブリの外に出て、外人部隊の中に監督として一人で乗り込んだ結果、見えてき

二〇一三年

ジ「風立ちぬ」公開（七月）
宮崎駿引退会見（九月）
「かぐや姫の物語」公開（一一月）

世 特定秘密保護法成立（一二月）

● 記者を前に映画監督引退を宣言する宮崎駿。

二〇一四年

ジ「思い出のマーニー」公開（七月）
宮崎駿がアカデミー賞名誉賞受賞（一一月）

吾 TVアニメーションシリーズ初監督作品
「山賊の娘ローニャ」がNHKで放送（一〇月〜）

世 集団的自衛権行使容認を閣議決定（七月）

二〇一五年

世 安全保障関連法成立（九月）

二〇一六年

ジ「レッドタートル ある島の物語」公開（九月）

吾「ローニャ」が国際エミー賞
子どもアニメーション部門で
最優秀賞を受賞（四月）

世 日銀マイナス金利を初導入（一月）
熊本地震（四月）

たものは何かありましたか？

吾朗　ひとつは絵コンテですね。二六話分の絵コンテを一人で描くのは無理なので、こちらの意図を説明した上で絵コンテだけを描いてくれるコンテマンに一話ずつ発注するんですが、上がってくるものは、突然劇画調のものがあったり、ほのぼのアニメ調のものもあったりバラバラなんですよ。結局それを全部描き直すんですが、ベテランのコンテマンはこうやって演出するのかという勉強にもなりますし、でもこうやったらもうちょっと良くなるよねという自分のアイデアも入れていけるので、初めて実践的に勉強できているという実感がありました。

上野　そのテレビシリーズをやりながら、いずれはまた映画を撮りたいという欲は出てきました？

吾朗　そのときはとにかくこのシリーズ物をなんとか終わらせなければという感じだったのでそこまで意識が向いていませんでした。ただ「ローニャ」が終わってからは、機会があればシリーズだろうが映画だろうが、何でもいいからやりたいと思うようになりましたね。

上野　CGの手応えはどうでした？　ジブリを出ることによって、吾朗さんが手に入れた新たな武器ですよね。

吾朗　思っていた以上に可能性があると思いましたね。CGアニメーションは動きが変だという先入観があったんですが、実は手描きのアニメーションよりもお芝居をさせられる可能性がある。手描きのアニメーションは上手なアニメーターじゃないと描けないんですよね。CGを使ったアニメーションに可能性があるとするなら、一般に言われている派手なカメラワークとかより、実はネッチリとお芝居をさせることなんじゃないのかなというのがわかってきました。その可能性はあるし、あんまりそれはやられていないなということは思いました。

上野　CGというツールを採用したら、もはや先代が追随できない世界に入ったことになりますね。CGを使うということで、これまでのお家芸を吹っ切った感じはありますか。

吾朗　手描きのアニメの技術はCGの応用として参考になる部分がすごくあります。そこは必ずしも新しいテクノロジーだからといって前の世代のやったことを切れるわけではない。それも「ローニャ」を経ることでわかったことですね。

上野　それはわかります。新しいテクノロジーは常に古いテクノロジーを模倣しますから。でもそれは新しいスキルを持った吾朗さんの世代だからできることであって、前の世代に残された人たちには手を出せない領域ですよ。私の言いたいこと、わかります？（笑）

吾朗　まあ（笑）、そういう意味では、次の四作目の「アーヤと魔女」をフル3DCGでやれば介入の余地は相当狭まるはずだという目論見はありました。

上野　やっぱりそう思われましたか。

吾朗　それは思いましたね。

「アーヤと魔女」で描いた現代を生きる子ども

上野　では、新作「アーヤと魔女」の話に入りましょう。「ローニャ」を挟んで、四作目がいよいよ吾朗ワールドというふうに理解していいでしょうか。

吾朗　そうですね。今回はフル3DCGでやることを盾にしてかなり好き勝手やった感じはあります。ただ一方で、やはりスタジオジブリの本流はセルアニメーションなので、そこで3DCGをやるというのは見ようによっては邪道なことだという自覚もあります。だからなおのこと、好きにやったほうがいいと思ったんですよね。

上野　今回「アーヤと魔女」の原作を選んだのは？

吾朗　宮崎駿ですね。

上野　あ、そうなんですか。吾朗さんの趣味じゃないの？

吾朗　渡されて読んだら、「あっ、これは趣味だわ」という感じはありました。

上野　主人公の設定が捨て子の被虐待児で

●「アーヤと魔女」の原作は、イギリスを代表するファンタジー作家ダイアナ・ウィン・ジョーンズの最後の作品として刊行された（徳間書店）。

すよね。その子どもが知恵と才覚で生き延びていく。私はファンタジーってあまり親しみがないので、ちょっとストーリーラインについていけない無理を感じてしまったんですけど、作中に登場する大人たちはビートルズ世代です。だから、そこに対して痛烈な皮肉があるんだろうなと感じました。あんたたちが子捨てしたんだろうって（笑）。吾朗さんは原作のどこに惹かれたの？

吾朗　子ども一人で複数の大人を相手にするというのが読んだとき一番面白いなと思ったところですね。僕らの世代って子どもの数が大人に対してものすごく多かったんですよね。やっぱり数が多いから元気でいられる。ところが今の子どもってなにしろ数が少ないので、たとえば正月にじいちゃん、ばあちゃんのところに行っても、息子一人にあと全員大人だったりするわけですよ。いとこ同士で集まっても、いとこ三人に対して大人は何人いるんだっていうくらい。昔はそれが逆だったような気がするんです。子どもがめちゃめちゃ多くて、大人のほうが少ない。そうすると、少ない数でたくさんの大人を相手にしていくというのは、なんて大変なんだろうと思うわけです。そのときまともにやり合うと大変なので、なんとか大人をたぶらかしてやっていくという感じなのかな、みたいなことを思ったときにあの原作を読んだので、そういう気分でつくってみようかなと思ったんですね。

　あとは原作そのものがわりと中途半端というか、尻切れトンボで終わっている感じはあるんですけど。

上野　そうですね。なんでこんな都合よく行くの？　みたいな感じです。

吾朗　あんまり練っていないんですよね。原作者のダイアナさんがアイデアをまとめて後で手を入れようと思って置いておいたものが、そのままの形で出版されたものなので。ただ、整理したり辻褄を合わせたりすると、あまり面白くないなというのがあって。だからお話は破綻していてもいいやっていうふうに思ったんです。

上野　ファンタジーって幻想とか妄想とかっていう意味ですからね（笑）。ストーリーラインはツッコミどころ満載なんだけど、CGは手描きのセルと違って、アーヤという女の子がものすごくチャーミングに描かれています。

● みなしごの主人公・アーヤは、自らの知恵と機転によって大人たちと対等に渡り合う。

吾朗　それだけで勝負してるって感じですね（笑）。

上野　「アーヤと魔女」を観た駿さんの反応はどうでした？

吾朗　初めて、面白かったと言ったんですよね。母親もそうでした。見終わったとき、面白かったと言ってくれて。

上野　それを聞いて、どう思われました？

吾朗　ちょっと肩の力が抜けた感じでしたね。

上野　やっと試験に合格したみたいな。

吾朗　うん、そんな感じです。

上野　それはよかったですね。

吾朗　ずいぶんかかったなあという感じですけど。

上野　もう一〇年ですか。

吾朗　「ゲド戦記」が二〇〇六年ですから、一四年ですね。

上野　一四年で免許皆伝が出たんならいいじゃないですか。

吾朗　そうですねえ。母親もけっこう厳しいんですよ（笑）。「コク

●「アーヤと魔女」ではマレーシア、インドネシア、台湾、フランスなど、世界各国からアニメーターたちがジブリに集まった。

リコ坂から」のときかな、「ちょっとアニメーションが今ひとつだわね」とか言うんですよ。

上野　やっぱり堪《こた》えます？

吾朗　堪えますね（笑）。自分がアニメーターじゃないにせよ、人にやってもらうからこそ、どうすればよりよいものをその人たちから引き出せるかというのは、ほんとに宿題だなと思った覚えがあります。

上野　監督ってそういう仕事ですよ。お母さまは駿さんに対しても厳しい評価者だったんですか。

吾朗　厳しかったみたいです。だいたい何か描いて母親に見せると、いいときは「ああ、いいんじゃない」と言う。ダメだなと思った瞬間、何も言わない。読ませて何も言わなかったら、あっ、これはダメだと思って描き直すと、昔、親父が言っていた覚えがあります。

上野　駿さんにとって妻はファーストリーダーだったんですね。

吾朗　うん、そうですね。それが途中から鈴木さんに替わったのかもしれないですけど、身近にそういう人がいるか、いないかというのは、やっぱり大きいなと思いますね。

上野　吾朗さんは息子として父親の作品をどんな眼で見ていたの？

吾朗　今この瞬間、日本にあるアニメーションで一番いいのはお父さんがつくっているやつという認識ですよ。基本的に宮崎駿ファンだったんですよね。

上野　「お父さんの」という枕詞を付けなくてもファンだということ？　これは面白いと思ったと？

吾朗　思ってましたね。

上野　出るもの出るもの、全部ですか。好き嫌いは？

吾朗　好き嫌いはなかったですね。「ナウシカ」が初めてガッカリしたんです。

上野　なんで？

吾朗　原作のほうが面白いと思ったんです。

上野　ああ、そういうこと。

吾朗　「ナウシカ」の公開が、僕が高校三年生になる春かな。それが気になって気になって成績がガクッと落ちたんですよ、三学期。

上野　父親の作品のせいで？

吾朗　ええ。なんか、そっちが気になって。

上野　何が気になったの？

吾朗　何だろう。原作がもうすでにあり、その漫画を読んでいて、これはどういう形で映画になるんだろうと気になってしょうがないわけですよ。

上野　実際の映画を観たとき、僕ならこうするのにという気持ちになった？

吾朗　「ナウシカ」って「ルパン三世　カリオストロの城」をつくったスタジオとか「未来少年コナン」をつくったスタジオと違う、初めて作品のために集められたスタッフでつくっていたんです。そうすると宮崎駿と組むのは初めてという人が多かったはずなんですよ。この人たちで、ほんとにちゃんとできるのかなみたいなことを勝手に。

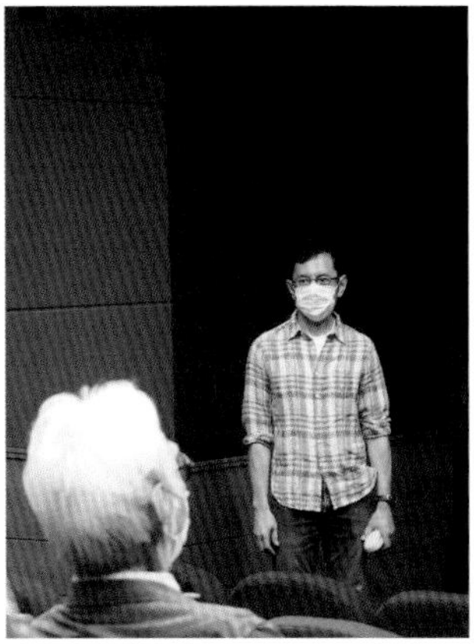

●「アーヤと魔女」の社内試写を前に、父・駿の前であいさつをする吾朗。

上野　心配しちゃったの？

吾朗　心配してましたよ。

上野　高校生のときに初めて、ただのファンから、批判的な眼を持つようになったということですか。そこで一歩進んで聴衆から批評者になったんだ。

吾朗　うーん、ちょっとそういう部分もあるかもしれないですね。単に楽しむというところじゃない見方をしたというのは、そのときが初めてかもしれない。やっぱり父親には頑張ってほしいし、いい作品を世に出してほしいという気持ちも当然あるんですよね。

破局の後を生きる子どもたち

上野　CGに振り切ったことでいわばお家芸を断ち切ったという選択が吾朗さんにはあったのかもしれませんが、形式と内容で言うと、ツールは変わっても、どういうコンテンツを世に送るかという問題が残ります。これまで駿監督はいろんな作品の中に彼の世界観を出してきたわけですよね。その世界観がメッセージの核になっています。私は鈴木さんと宮崎アニメについて対談したときに駿さんの作品をまとめて観て本当にびっくりしたのは、彼の中にある、あのなんとも言えない濃厚な終末観でした。やっぱり戦争を経験した世代だからこそ、と思うんですが、こんな濃厚な終末観を子どもの世界に持ち込んでいいのか、とすら思いました。子どもが観るときには必ず親も観ているわけで、宮崎アニメには親世代が観るに堪えるメッセージがあったと思います。その終末観に共振する時代のスピリットがあったからこそ、宮崎アニメが一世を風靡したのでしょう。少なくとも九五年にオウムのサリン事件が起きるまでは。

じゃあ、その次の世代にいる吾朗さんはCGという新しいツールで、駿さんが示したものとは違う、どんな世界観を示すのかというと、そこがちょっとまだ見えない感じがします。

吾朗　たぶん、そこがないんでしょうね、自分は……何だろう。

上野　そんなにあっさり認めていいんですか（笑）。

吾朗　それは探さなきゃいけないところでもあるし、たぶん僕だけでなく、僕らの世代の弱点なんじゃないかなっていつも思いますね。

上野　吾朗さんは宮崎アニメファンとしてあの終末観ってどんなふうに受け止めました？

吾朗　今感じる終末観と違って、人間が自然を食べ尽くして自然のほうがダメになるという感覚がありましたよね。その先に人間がどうなるというのはまだあまり思い至っていなかった。今のほうが「ナウシカ」の終末観って生々しく怖いです。

上野　私はこんなの子どもに観せていいのかとすら思いましたよ。

吾朗　原作の漫画だと、破壊し尽くされて汚染された地球上で生きていくために人間そのものも実は体がつくり替えられていたという設定ですから今読むほうがよっぽど怖いですよ。ほんとうにこういうことが起こり得るのかもしれないと思える。

上野　ここで私が用意してきた説を言わせてほしいんだけど。これまでつくられた四作品を続けて観て、これから先、吾朗さんの世代が描く世界って何なんだろうといったら、「破局の後を生きる子どもたち」だろうと。そう思って「アーヤと魔女」を観ると、「ゲド戦記」もそうですが、あなたが描いてきたものは、最初から故郷を放逐された子どもたち、帰るところのない子どもたち、捨てられた子どもたちに、被虐待児ですよ。戻るところのない子どもたちが、どんな逆境にあっても、知恵と才覚でどうにかこうにか生き延びていくという、そういう世界ですよね。

ご本人がもしかしたら直感的にやっていらっしゃることを、こうやって外から見ると、ああ、そうか、この世代が生きている世界というのは本当に破局が起きてしまった後なんだなってことがわかる。だって私たちにとって最大の破局は三・一一ですよ。オウムもそ

うでしたが、なにより三・一一の後に生き延びていかなきゃいけない子どもたちを、この世代は相手にしないといけないんだねって思いました。私の解釈は当たっていますか？

吾朗　それは思いますね。だから、そういう意味で言うと、今、起きてるコロナの騒ぎもそうですけど、いろんな国の中や国の間で起きていることは、おおよそいい方向に行っていると思えるものは一個もないわけです。

上野　その通りです。今だってコロナ禍の真っ最中で、これは世界中を巻き込んだ予測のつかない危機ですからね。コロナの後にどういう世界が来るか、予想もできません。

吾朗　そうすると、そのときにたとえば自分の息子だとか子どもたちの世代に何を言えばいいんだろうというのがあるんですよね。恐らくこの先、今より悪くなることはあっても、良くなることはあんまりないだろうという予感がある。その頃は僕もおじいちゃんになっているのかもしれないですけど、もしかすると、自分の息子は何かが本当に終わる瞬間を見なきゃいけないかもしれないという気がするんです。

上野　終わる瞬間を破局（カタストロフ）と呼びますが、それが起きるかもしれないという予感を持ち続けたのが駿さんの世代です。でも、破局は来ちゃったんです。

吾朗　そうすると、自分たちの知恵や何かを使って生き残ったり、また新しくつくり直していかなきゃいけないじゃないですか。そういう力を何か持ってほしいなというのはありますよね。でも、それが何なのかというのがまだわからない。それはたとえばつくりながら考えなきゃいけないのかもしれないなというのは思いますけど。

上野　私だってわかってるわけじゃないんですが。たとえば「コクリコ坂から」にある、あの楽観。あれはあの世代固有のものです。映画の中では最終的に学園理事長が登場して、みんな拍手喝采のハッピーエンドになりましたけど、現実の学園闘争は敗北に終わりました。にもかかわらず身に染みついた楽観が団塊世代にはあります。その団塊世代にある、時間が経てば今より良くなるだろうという根拠のない楽観が、団塊ジュニアにはありません。今、吾朗さんがおっしゃった通り、彼らには時間が経てば今より悪くなるっていう予感が非常に色濃いですね。それが体感に染みついているように思えます。

映画って大衆芸術だし、アニメはましてそうです。だとしたら、やっぱり時代のスピリットと共振する世界観がいりますよね。宮崎アニメがこれだけ大衆に受け入れられたのは、駿さんの終末観が、時代のスピリットと共振したんだなと。でも、九五年にサリン事件が起きてあれだけ陳腐な終末を眼にし、その後に三・一一で本当の地獄を見て、今はまたコロナで「世界の終わり」を経験しています。今どきの一〇代を見ていると、自分たちはあの地獄を見た後に生きていかなきゃいけないみたいな、そんな感じのことを言う子たちがたくさんいます。

吾朗　はい。わかります。

上野　もしかしたら、そんな子どもたちに共振するものを吾朗さんが持っていらっしゃるんじゃないかなと思って。

吾朗　たとえば、今起きているコロナ騒動なんかも子どもたちから見たらどう見えるんだろうなと思いますよね。

上野　そうなの。マスクとフェイスガードして授業を受けさせられるなんてね。陳腐で滑稽でもノーと言えません。

吾朗　それ以上に、実はもうこの国、だいぶ終わってるな感というのがあからさまになってきているというか。小学生の子たちですら、「もうあんな政治家じゃダメだ」とか言っていたりする。

上野　ダメだっていうことが、次の希望につながっていないでしょう。

吾朗　じゃあ、代わりに誰がいるのか、どういうものの考えとか価値観があるのかというのは、まだ何も出てきていない。今の状況でリモートワークをしていれば幸せなのかというと、そんなこともないのはわかりきっている。

上野　それに、他人とは不潔で危険な存在だというメッセージを刷り込まれていますしね。

吾朗　ええ。だって授業中ずっとマスクして、給食のときはみんな同じ方を向いて、「黙って食べろ」ですよ。そんな食事でいいのかみたいなことは誰も言わないわけで。

上野　これがいつ終わるかもわからないし。

吾朗　今年の夏休みはさすがに東京からどこかに行くというのが憚《はばか》られる感じだったので、結果的にはどこにも行かなかったんですけど。子どもに「どこか行こうか?」と聞くと、「いい」って言うんです。学校でね、行くなって言ってるって。どこか遊びに行ったら、後で学校で何か言われるかもしれないという。実際、夏休みが明けて、みんなの夏休み新聞見たら、けっこう、みんな田舎とか行ってたって怒ってるんですけど（笑）。この夏のありさまって小学生からすると今までと激変したわけですよね。どう受け止めたんだろうなあというのは考えちゃいましたね。

上野　異常な夏でしたね。この異常な経験が、後になって子どもたちにどう影響するんでしょうか。

吾朗　だから、その子たちにとって世界がどう見えるのか。あんまりポジティブに見えそうもないなって気もする一方、この子たちなりの新しいものの見方やコミュニケーションのしかたみたいなものが出てくるんだろうかということも思うし、わからないですよね。わからないけど、何か考えないといけないんだなということはわかるんです。

上野　答えは誰にもないと思うし、手探りでやっていくしかないっておっしゃった通りです。ところで「アーヤ」はもう完成しましたよね。

吾朗　はい。

上野　誰でも同じことを聞くと思いますが、「その次は?」って聞かれますよね。

吾朗　まあ、どんな題材がいいんだろうというのをやっぱり思いますよね。上野さんがおっしゃったような、終末の後の子どもたちをどうするのか、みたいな話をやったほうがいいのかなと思っていたこともあるんです。ただ、それを描くには自分が何に拠って立つんだろうと考えると描けないなと思って。なかなか手を出しにくいテーマだなって思ったことがあります。

上野　子どもが観に行くときには必ず親も観に行きますから、大人が観るに堪える作品であることが重要ですが、それだけでなく、子ども向けのコンテンツは最後を破局で

二〇一七年

ジ　宮崎駿監督の新作長編「君たちはどう生きるか」の制作が本格化（七月）

吾　企画・監修を務めた企画展示「食べるを描く。」がジブリ美術館で開催（五月〜）

世　共謀罪法施行、九州北部豪雨（七月）

二〇一八年

ジ　高畑勲監督死去（四月）

吾　日本語吹替制作監修を務めた中国映画「西遊記　ヒーロー・イズ・バック」公開（一月）

世　西日本豪雨（七月）
北海道地震（九月）

二〇一九年

ジ　愛知県、スタジオジブリ、中日新聞社がジブリパークの基本合意書を締結（五月）
中国本土で「千と千尋の神隠し」公開（六月）
新作歌舞伎「風の谷のナウシカ」上演（一二月）

世　京都アニメーション放火殺人事件（七月）

●「千と千尋の神隠し」
中国本土公開時の舞台挨拶。

二〇二〇年

ジ 吾　「アーヤと魔女」がNHKで放送（一二月）

世　新型コロナウイルス世界的流行

終わらせるわけにいきません。最後にどこかに救いを残さなきゃいけない。それが子ども向けアニメの宿命といえば宿命なんですが。宮崎さんは、戦後日本の大衆文化の中であれだけ色濃い終末観をメッセージに含んだ作品を次々と出してこられたものだと思いますが、逆説的に子ども向けアニメの宿命の中だったからこそ、出せたのかもしれません。
　その次の世代は、もうあの世代と同じ世界観を持つわけにはいきません。生きている時代も社会も変わっていますから。その次の世代の時代精神に共振するようなメッセージを大人にも子どもにも説得力あるような形で伝えていくとしたら、この人は次、何を見せてくれるのかなという期待が、視聴者にはあります。と言われたら、吾朗さん、何とお答えになりますか（笑）。

吾朗　考えます、って（笑）。考えないとダメだなっていうのはありますね。とはいえ、宮崎駿が「ナウシカ」をやっていた頃よりも地球環境はよっぽどひどくなってますし、このまま行ったら人間という生物は終わるかもしれない。だからコロナウイルスは増え過ぎた種を減らすための大きな運動というふうにすら見えるんですよね。

上野　あなたの今の年齢から生産性の高い残り時間がどれぐらいあると思いますか？　そう思えば、生きている間につくれる作品は指折り数えるくらいでしょう？

吾朗　ええ。ほんとにそうですね。

上野　そうなると、一作一作、丁寧に、いい仕事をやっていただきたいなと思います。

吾朗　そう思います。片手間でやるとダメだなっていう（笑）。

上野　ということは、もう「生涯監督」の覚悟は決まりましたか？

吾朗　いや、生涯かどうかわからないですけれど、六〇代になるぐらいまではやらないといけないなと。

上野　そこまでやったら、周りが後に引かせてくれませんよ（笑）。

吾朗　そうですね。ただ、何かやってないとダメなんだと思うんですよね。考えることをやめないという意味で仕事をし続けないと、すぐダメになっちゃうんだろうなって思いますね。

上野　それはそうです。それになにしろ子どもの父親ですしね。次の世代に責任があります。

吾朗　あと一〇年以上は頑張らないと。

上野　いやいや、いったん監督になったら一生辞められません。いったん父親になったら一生降りられないのと同じです。

吾朗　そうですね（笑）。

上野　吾朗さんは業界ではレイトスターターかもしれないけど、毎回、確実に何か学んでおられるという感じがします。ということは、伸びしろがまだまだあるということだ。

吾朗　うーん。この歳になってもでき上がらない感じがどうなんでしょう（笑）。

上野　いいことじゃないですか。この歳になって伸びしろがあるって言われるって、すごいうれしいことじゃないですか。

吾朗　まあ、そうですね。でも、だんだん体がしんどくなってきますね。

上野　体のほうはね。ひとつの業界でやってきた人はだいたい五〇歳ぐらいになると、自分の能力のピークに達して、あとはもう下り坂しかないと聞きます。だから五〇代で伸びしろがあるって最高ですよ。

吾朗　たぶん建設関係の仕事を続けていたら、そうなっていたんだろうなと思いますね。映画みたいなものは、やってきたノウハウだけでできるものでもないので、そういう意味では刺激があるけど、しんどいなというのはありますよね。その代わり、喜びもある。

上野　ですよね。映画って総合芸術は、達成感が大きいですよね。ほんとにいい仕事だと思います。

●「アーヤと魔女」メインビジュアル。

※この対談は二〇二〇年九月七日に行われました。
P98 ～ P123 の写真および図版は、スタジオジブリ写真アーカイブより掲載しました。

構成：山下　卓

解説

この「本」は、こうして生まれた。

スタジオジブリ
鈴木 敏夫

一

吾朗とカンヤダは相性がいい。初めての顔合わせは、二〇一九年四月だった。カンヤダがまずこう切り出した。彼女はタイの女性。思った事をストレートに口にする。

「あなたはイケメンだ。日本人の男性は、平べったい顔が多いが、あなたの顔は彫りが深い。私の好みだ」

吾朗は呆気にとられた。初対面の人には愛想を振りまかないのが彼の特徴だが、この時ばかりは頬が緩んだ。こう言われたら開き直るしか無い。吾朗は、真っ直ぐにカンヤダを見た。見返すカンヤダ。ふたりの様子を見ながら、ぼくはこの撮影はうまく行くと確信した。

カンヤダが吾朗を撮影するというのは、ジブリの展示の責任者である橋田真の発案だった。橋田は、吾朗をテーマにした展示を密かに目論んでいて、いろんなカメラマンが撮影した吾朗の写真を見ていた。しかし、橋田はどの写真も気に入らなかった。

吾朗の表情がいずれも硬くて、彼の真実の姿を切り取った写真が無かった。そこで、橋田が思いついたのが、カンヤダに吾朗を撮って貰うという案だった。

意見を聞かれたとき、一瞬、ぼくは悩んだが、他に手立てがあるわけじゃ無い。ぼくにしても、腹をくくった。出たとこ勝負だ！

カンヤダの特徴は、物怖じしない。余計な気配りもしない。その一方で、ひとの気配《けはい》には動物的に敏感な事だ。

カメラマンの最大の技術は、被写体にカメラを意識させない事。カンヤダは、それを自然にやってのける女性だった。被写体に近づいても気配を消せる才能を持っていた。彼女は、生まれながらに、カメラマンの素質を持っていた。

まずは休館だった美術館で吾朗を撮影。あとで撮った写真を見ると、吾朗が他人に見せたことのない表情の連続だった。ぼくは橋田と笑みを交わした。

翌朝は、「アーヤと魔女」の現場、カンヤダの機嫌が悪くなった。途中で、吾朗を呼び寄せ、打ち合わせ。カンヤダは注文を出した。

「今日はなぜ、メガネを掛けているのか。メガネを掛けたら、あなたの魅力は半減だ。それと、私が近づくとあなたは必ず逃げる。昨日は意識しなかったカメラを今日は何故、意識するのか。少しは笑顔を見せなさい」

吾朗は、カンヤダの剣幕にタジタジ。カンヤダは怖かった。吾朗はメガネを外し、カンヤダが近づいても逃げなくなった。自然に振る舞った。そして、笑顔も見せた。

翌朝は、名古屋へ飛んだ。名古屋といえば、ジブリパーク。吾朗は、設計を含めたこの事業の監督、プロデューサーは中日新聞の岡村徹也君だった。吾朗は自信に満ちた表情を見せた。カンヤダがシャッターチャンスを逃がさない。

「サツキとメイの家」では、吾朗もリラックスしてお茶目な面も見せた。気がついたら、吾朗がカンヤダをカメラに収めていた。

帰京する新幹線の中で、東京駅に到着するまで、吾朗はカンヤダの撮影した写真をためつすがめつ見ていた。

その一年後、二〇二〇年の三月にカンヤダが再び来日した。カンヤダの初の写真集『ジブリ美術館ものがたり』(ディスカヴァー・トゥエンティワン)のプロモーションのためだった。

その間を縫って撮影したのが、人形のアーヤたちと吾朗だ。吾朗は学生時代、児童文化研究会に所属し人形劇をやっていた。動かすのは、アニメーションよりも人形の方が得意だった。人形を用意したのは橋田だった。

そんなある日のことだ。橋田に相談を受けた。「吾朗さんを題材に本を作りたいが、案は無いですか？」。いろいろ話しているうちに、カンヤダの撮影した吾朗の写真が思い浮かんだ。

撮った写真は、一〇〇〇枚を優に超えている。

決めた。カンヤダの写真集第二弾を作ろうと。カンヤダは詩を書くのも上手い。だとしたら、カンヤダから吾朗への励ましの言葉を書いて貰う。こうして、この写真集の企画がトントン拍子に進んだ。

某日、カンヤダに質問してみた。

「吾朗は撮りやすいの？」

彼女は、悪戯っぽく笑うと、「簡単だ」と答えた。その心は？「キムと同じだ」と答えてくれた。キムはカンヤダの六歳になる息子だ。カンヤダはシングルマザーだった。

「カメラを構えておいて、声をかければ、向こうから飛んで来る」

カンヤダは子を持つ母親の顔になっていた。

そういえば、カンヤダの書いてくれた吾朗への言葉の数々も、息子の成長を見守る母の言葉だった。

二

写真は揃った。こうなると欲が出る。吾朗について、誰かに語って貰いたい。ふと、上野千鶴子さんの顔が浮かんだ。これまで多くを語って来なかった吾朗の口をこじ開けるとしたら、彼女しかいない。直感だった。

上野さんと言えば、ジェンダー論と女性学でつとに有名な人だが、ぼくが彼女を意識したのは、『戦後日本スタディーズ』（全三冊、紀伊國屋書店刊）の第二巻に上野さんが書いた「高度成長期と生活革命」という小論文だった。

ぼくにしても、〝戦後日本〟と聞くと、胸騒ぎのする世代だ。生まれは一九四八年、敗戦から三年しか経っていない。戦後史がそのまま自分の年齢と重なる世代だ。子ども心に記憶がある。ぼくらは貧乏だった。それが骨がらみに身体に染みついている。

給食が始まるまで、ぼくらは弁当を持参で小学校へ通ったものだが、同じクラスに二〜三人、弁当を持って来られない同級生がいた。新聞配達をして、家族を養っている同級生もいた。

だから、ぼくは、その後の日本の繁栄について、何処かでまやかしだと思って生きて来た。いつでもあの時代に戻る覚悟が出来ていた。

そして、ぼくらが一〇代を迎えた六〇年代、日本は大きく変わる——江戸の末期からほとんど変化の無かった庶民の日常生活がわずか一〇年あまりの間に激変した。

産業社会は第一次産業から第二次産業へ、家族は核家族が誕生し、六〇年代の半ばに、恋愛結婚の割合が見合い結婚と逆転し、台所のエネルギー革命が起きて、家庭電化の時代を迎える。そして、女性のファッションは和装をほぼ一掃し、住宅は洋風化した。その六〇年代を振り返って、上野さんは端的明快にこの時代を書いた。ぼくは、あの時代を丸ごと整理整頓して短い文章でまとめるその力に圧倒された。

その力を借りて、吾朗を解剖して貰おう。ぼくはそう考えた。

ちなみに、ぼくはこの小論文を何度も繰り返し読んでいる。あの時代について考えるとき、ぼくはいつもこの本を引っ張り出す。

この企画を吾朗に伝えると、彼は最初、「おっかない」と表現した。しかし、観念したようにニッと笑みを返してきた。

当日を迎えた。吾朗の落ち着きが無い。そして、対談が始まった。

上野さんは、大きなバッグから一冊のノートを取り出した。上野さんは、事前に吾朗の作った作品を全部見た。それだけじゃない。彼女の希望で、閉鎖中のジブリ美術館も訪ねた。吾朗とは何者か？　彼女は仮説を立てて、その場に臨んだ。ノートには、この対談のシナリオが詳細に書かれていた。

上野さんは、いつもの「舌鋒鋭く」ではなかった。あとで上野さんとメールのやり取りをすると「温かい関心を持って」聞き役に回ったと冗談っぽく返信があった。それに吾朗が応える。そんな風に話は進んだ。

上野さんが書いたシナリオの上で、吾朗は素直に率直に自分を語るしか無かった。相手の目を見ないでボソボソと。翌朝、吾朗に聞くと、これまでにない心地よさを実感したと感想を洩らした。こうなると、ぼくはさらに欲張りになった。

吾朗と上野千鶴子さんとの対談は、ぼくの期待以上のものになった。だったら、内容もタイトルもそれを反映すべきと考え、上野さんに「吾朗と上野千鶴子とカンヤダと」はどうかと提案をした。カンヤダの写真と上野さんのインタビューの二部構成の本だ。ぼくは返事を待った。

答えは「却下」だった。この本は、吾朗の本、それは違うでしょうと言われてしまった。ぼくはお袋に叱られた気分に陥った。上野さんはぼくと同い年。誕生日も一ヶ月くらいしか違わない。冷や水をかけられ、ぼくは正気に戻るしか無かった。上野さんが正しかった。

そして、この本のタイトル「どこから来たのか　どこへ行くのか　ゴロウは?」も上野さんの意見を尊重した。それは、対談ページのタイトルとして上野さんが提案して来たもののひとつだった。彼女は、一方でユーモアたっぷりな面も持ち合わせていた。「吾朗がチコちゃんにだけ語った胸のうち」という案もあった。

ともあれ、カンヤダといい、上野さんといい、吾朗とぼくは、〝女性の時代〟を実感した。そして、この本作りで〝女性の賢さ〟に感服するしか無かった。

上野さんの「高度成長期と生活革命」に戻れば、こういう記述もある。孫引きになるが、女性史家の村上信彦さんは「女がズボンをはく時代の方が、相対的に女性の地位が高い傾向にある」という。カンヤダにも上野さんにもぜひズボンをはいて欲しい。

三

編集も、手分けしてやった。構成と表紙はぼくが、中身はジブリの菊池拓哉がデザイナーの矢島洋君と組んだ。何度も心変わりするぼくにふたりともよく付き合ってくれた。そして、上野さんとの交渉は出版部の田居因さんが引き受けてくれた。

最後に、出版社はどこがいいか。いろいろ候補があったが、結局、徳間書店に引き受けて貰った。自分が長く在籍した徳間でやるのは、ぼくにとっては感慨深い。この企画を考えているときに、徳間書店の新社長小宮英行さんがご挨拶に見えた。モノを見る力のある社長だった。同時に経営者としても優秀な人に見えた。何かのご縁だと思った。

そして、徳間書店は、このご時世に、この本の初版部数を他の出版社が適正とする部数の倍の部数に決めた。想像するに、小宮さんが、社長案件としてこの部数を決めたにちがいない。さて、この英断に応えるためには、この本を売りまくるしか無い。ささやかながら、ぼくにしても、宣伝協力をせざるを得ない。そう覚悟した。

どこから来たのか
どこへ行くのか
ゴロウは？

2020年11月30日　第1刷発行

著者　上野千鶴子　Kanyada

発行人　鈴木敏夫

編集・発行　株式会社スタジオジブリ
〒184-0002　東京都小金井市梶野町1-4-25
電話 03-6712-7290（編集部直通）

発売　株式会社徳間書店
〒141-8202　東京都品川区上大崎3丁目1番1号　目黒セントラルスクエア
電話 049-293-5521（販売）
振替 00140-0-44392番

印刷・製本　図書印刷株式会社

デザイン　矢島 洋（TOHOマーケティング株式会社）

NDC：916
乱丁・落丁がございましたら、株式会社徳間書店にお送りください。

ISBN978-4-19-865212-8